Pablo Luis Yagüe Ares

TESTS DE CAMPO PARA VALORAR LA RESISTENCIA DEL FUTBOLISTA

Impreso y editado por Books on Demand GmbH
info@bod.com.es - www.bod.com.es
Impreso en Alemania – Printed in Germany

Depósito Legal: AS 02420-2020

ISBN: 978-8-4132-6992-4

PRÓLOGO

El fútbol, como deporte de masas, se ha convertido en los últimos tiempos en un ámbito de trabajo multidisciplinar que requiere la colaboración de muchos profesionales. Gracias a ello ha avanzado mucho en la parte técnica, pero todavía queda mucho por mejorar.

Sin duda alguna, la valoración funcional de la resistencia del futbolista, utilizando test de campo, es imprescindible para la mejora del rendimiento deportivo.

Pablo Yagüe es un profesional con años de experiencia en el mundo del deporte que ha trabajado en la búsqueda de métodos de evaluación específicos en distintas modalidades deportivas. En este entorno ha diseñado test específicos sencillos con una aplicabilidad muy clara.

En este libro hace una revisión crítica de todos los test específicos que se aplican en el fútbol siendo conocedor de que adquirir más resistencia, fuerza, velocidad y mejor coordinación motora es una tarea difícil, pero necesaria para el buen trabajo del futbolista.

La revisión que realiza es muy completa y aporta ideas que pueden ser de gran utilidad apara entrenadores, preparadores físicos, médicos y para los propios deportistas.

En definitiva, creo que de la lectura de este valioso manual se pueden obtener unos conocimientos claros sobre cómo realizar el control y seguimiento de los futbolistas.

Dr. Miguel del Valle Soto
Catedrátido de la Universidad de Oviedo
Departamento de Morfología y Biología Celular

ÍNDICE

1. Introducción

El fútbol es un juego deportivo colectivo en el que el rendimiento es el resultado de la interacción de múltiples factores colectivos e individuales; condiciones marginales (genética, estado de salud, stress, etc.), capacidades psíquicas, técnica, táctica, condiciones externas y condición física (Grosser y Neumaier, 1986). En cuanto al rendimiento físico, los deportistas precisan de un nivel de condición física para soportar adecuadamente las exigencias de la competición. Aunque en los últimos años los avances tecnológicos permiten aislar y evaluar objetivamente el rendimiento físico del jugador en el transcurso de la competición, parece conveniente, valorar los factores físicos que influyen en el rendimiento del futbolista fuera de la situación competitiva recurriendo a evaluaciones objetivas de las capacidades funcionales, o tests. En la actualidad, y como consecuencia de los estudios científicos sobre el entrenamiento y la competición existen múltiples propuestas de pruebas, tanto con protocolos genéricos como específicos, que pueden desarrollarse en el campo y en el laboratorio, para evaluar el rendimiento del jugador de fútbol (Svensson y Drust, 2005).

Debido a los muchos aspectos y factores implicados en el rendimiento, una única prueba no puede pronosticar como rendirá un jugador durante un partido, por lo que se recurre con frecuencia a las llamadas baterías o conjunto de pruebas que tratan de aislar distintos componentes claves del rendimiento y evaluarse de forma independiente (Bansgbo, 1994; Balsom, 1999; Bosco, 1991). De esta manera, estas pruebas nos van a ofrecer información de gran utilidad para mejorar el rendimiento deportivo, facilitando el desarrollo de tareas de entrenamiento individualizadas, al tiempo que nos permitirán controlar la eficiencia de un programa de entrenamiento (Balsom, 1999). El presente trabajo tiene como objetivo principal describir y analizar las pruebas funcionales más comunes que se han aplicado en la evaluación del rendimiento físico del jugador de fútbol, así como los resultados de referencia obtenidos en las mismas por futbolistas de distintas categorías. Estos resultados podrán ser utilizados como referencia para diseñar los programas de entrenamiento y optimizar el rendimiento de los deportistas.

El trabajo ha sido estructurado en dos partes. Una primera, en la que se describen pruebas para evaluar la resistencia (cualidad aeróbica) de los futbolistas mediante protocolos genéricos y específicos. Estas pruebas, generalmente progresivas y máximas monitorizan el tiempo total de duración en la prueba y tratan de obtener otros parámetros como la velocidad aeróbica máxima, potencia aeróbica máxima, resistencia aeróbica, frecuencia cardiaca máxima, o de forma indirecta el consumo máximo de oxígeno. En la segunda parte del trabajo se analizan pruebas de campo diseñadas para la evaluación de la cualidad anaeróbica, igualmente mediante protocolos genéricos y específicos.

2. La condición física en el fútbol y su valoración

2.2. Aspectos generales en la aplicación de los tests

Existen gran variedad de estudios que demuestran la importancia de un buen desarrollo de la condición física con el rendimiento en el fútbol. (Ekblom 1986; Bangsbo 1994; Helgerud y col., 2001). Dicho desarrollo ha sido medido a través de múltiples pruebas funcionales o tests, por lo que la evaluación y el control del entrenamiento se constituye como parte sustancial del proceso de entrenamiento-aprendizaje. Este proceso de control necesita del diseño de instrumentos que nos permitan valorar las diferentes cualidades físicas para conocer el estado de forma de nuestros jugadores (puntos fuertes y débiles de manera individual), y nos permitan conocer la efectividad del programa de entrenamiento (Svensson y Drust, 2005). Las pruebas objetivas o tests son el medio cuantitativo básico utilizado para el control de la evolución del rendimiento a lo largo de la temporada. Éstos deben reunir los siguientes requisitos: validez (que mida exactamente lo que pretende medir), fiabilidad (que el resultado sea independiente de las circunstancias y el momento en que se aplique), discriminabilidad (que permitan establecer niveles suficientemente claros para diferenciar el factor medido) y objetividad (que la valoración obtenida sea la misma con independencia de la persona que lo aplique). En el caso del fútbol, han tenido una mayor aplicabilidad las pruebas que se pueden administrar en poco tiempo, utilizan materiales poco complejos, son fáciles de entender y ejecutar por los deportistas, pueden realizarse en grupo y permiten obtener datos rápidamente y sin mucha necesidad de cálculo. Algunas pruebas, aunque poco aplicables en la práctica por su larga duración y la imposibilidad de administrarlas colectivamente, han tenido considerable importancia como instrumento de investigación puesto que permiten monitorizar las respuestas metabólicas y fisiológicas al ejercicio intermitente de alta intensidad (Nicholas et al, 2000).

En el fútbol, el rendimiento individual de un jugador, concretamente el rendimiento físico, no puede valorarse en función del resultado de la competición, a diferencia de otras modalidades (atletismo: 100 metros lisos, maratón, etc.). Las demandas fisiológicas de la competición exigen que el futbolista desarrolle varios componentes de su condición física como la cualidad aeróbica, la cualidad anaeróbica, la fuerza, la velocidad, la flexibilidad o la agilidad (Ekblom 1986, Bangsbo1994, Svensson y Drust, 2005). Por ese motivo, una única prueba no parece la opción más adecuada para valorar la condición física de los futbolistas, y es preciso determinar y evaluar los componentes claves para el rendimiento. En los últimos años se han venido utilizado dos tipos de pruebas con éste propósito. En primer lugar, aquellas que aunque no fueron ideadas específicamente para valorar a futbolistas, si que dan a conocer parámetros que son importantes para el rendimiento en este deporte (distintos protocolos para valorar la cualidad aeróbica tanto en el campo como en el laboratorio, tests de salto para valorar la fuerza explosiva, sprints sobre distancias cortas para valorar la capacidad de aceleración, etc.). En segundo lugar, se han desarrollado pruebas para ser administradas a futbolistas conocidas como tests específicos. Éstos se fundamentan en protocolos que de algún modo tratan de reproducir alguna de las condiciones propias de la competición (ejercicio intermitente, aceleraciones con cambios de dirección y/o sentido, giros, saltos, carrera lateral, etc.).

Para la organización y aplicación de los tests es necesario tomar algunas decisiones antes, durante y después de su ejecución:

A) *Antes:* Selección de las pruebas, conocimiento del test, equipo e instalación, técnica de administración, preparación de instrucciones, información a dar a los deportistas, y en muchos casos conviene realizar ensayos previos en situaciones de entrenamiento para que en el momento de su aplicación los sujetos estén familiarizados con ellos.

B) *Durante:* Seguridad en la ejecución, motivación y demostración. A fin de que un test de condición física sea fiable se deben considerar unas normas de administración de los tests:

' Si se hacen varios tests sucesivamente, hay que tener en cuenta que todos los participantes los ejecuten en el mismo orden. Además, debe haber un descanso suficientemente amplio entre los diferentes tests. También se fijará el orden de las pruebas.

• Los jugadores deben estar descansados. Se recomienda al menos 48 horas después de la última actividad intensa (competición o entrenamiento intenso).

• Los jugadores han de calentar siempre antes de los tests. Además de un calentamiento general, deben realizar un calentamiento específico antes de cada prueba.

• Cuando se usa un test con el que no es posible controlar a todos los jugadores del equipo a la vez, hay que planificar otras actividades de modo que los jugadores no esperen durante largos períodos.

• La instrucción e información ha de ser clara y concreta, de forma que los jugadores comprendan claramente cómo se hace cada test. Todo para facilitar la realización fácil y sin problemas.

• El aparataje del test deberá estar en buenas condiciones operativas y las áreas del test se marcarán con precisión.

• Los jugadores tienen que ser conscientes de los objetivos del test.

• Las sucesivas aplicaciones de las pruebas deberán

realizarse en las mismas condiciones externas (tiempo, calidad del terreno, etc.).

C) *Después:* Adjudicación de puntuaciones, ordenación de resultados, y facilitar de manera rápida toda la información al jugador y cuerpo técnico de forma entendible para ellos. Esto facilitará una mayor implicación de los mismos para futuras evaluaciones. Como pauta general, la puntuación media del test del equipo, a menudo, puede usarse como un punto de referencia.

2.1. Modelo de Valoración Para Futbolistas

Aunque no existe un único modelo de valoración funcional, los estudios científicos realizados por los investigadores en los últimos años, basados en análisis de la actividad competitiva, han determinado con bastante precisión el perfil fisiológico funcional del futbolista dando preponderancia a unos componentes del rendimiento sobre otros. Las cualidades fisiológicas fundamentales que debe poseer un jugador deben identificarse, en primer lugar, con las capacidades neuromusculares y, a continuación, con los sistemas bioenergéticos (Bosco, 1991). Se ha propuesto un modelo para la valoración funcional del futbolista (Balsom, 1999) donde se hace especial incidencia en valorar la resistencia específica, mediante tests continuos y/o intermitentes, la capacidad de aceleración (tanto cíclica como acíclica) y la fuerza explosiva a través de diferentes tipos de saltos. En caso de detectar rendimientos inadecuados en alguno de los citados componentes Balsom propone una valoración avanzada mediante tests más específicos para cada cualidad. En esta misma línea otra propuesta (Bangsbo, 1997) señala que un jugador de fútbol debe tener una gran capacidad de resistencia y poder recuperarse rápidamente después de un sprint. Según esto propone una valoración mediante tests relacionados con el fútbol, centrándose en la resistencia a la capacidad de aceleración (sprints repetidos) y en la de resistencia aeróbica, tanto con protocolos continuos, como intermitentes. En general, aunque hay mucha variedad de pruebas y sigue incrementándose en la actualidad, se observa una coincidencia en la necesidad de valorar la cualidad aeróbica, la velocidad o capacidad de aceleración, la resistencia a la velocidad y la fuerza explosiva. Además, se observa en los últimos años un incremento de protocolos que intentan de algún modo, simular actividades propias del fútbol (ejercicio intermitente, sprints con cambios de dirección y sentido repetidos en el tiempo, aceleraciones y desaceleraciones súbitas, etc).

3. Valoración de la capacidad de resistencia en el fútbol

3.1. Conceptos básicos a tener en cuenta en la valoración de la resistencia

Cuando hablamos de resistencia hacemos referencia a un concepto muy amplio   que debe ser acotado con el fin de abordar este apartado con mayor claridad. En   primer lugar, y aunque existen muchos criterios para la clasificación de esta cualidad,   a la hora de seleccionar las pruebas funcionales más idóneas que nos informen sobre el nivel resistencia en futbolistas distinguiremos, por un lado, entre pruebas orientadas a valorar la cualidad aeróbica (término más adecuado que el comúnmente usado de resistencia), y por otro, pruebas para valorar la cualidad anaeróbica. Concretamente la cualidad anaeróbica láctica ya que la evaluación de la cualidad anaeróbica aláctica por su corta duración no se incluye en el presente trabajo (dichas evaluaciones están más cerca del ámbito de la fuerza explosiva, capacidad de aceleración y velocidad de desplazamiento). Mientras que para la valoración de la capacidad de rendimiento aeróbico existen muchas pruebas descritas en la literatura, incluso algunas de ellas diseñadas específicamente para valorar a futbolistas, la valoración de la cualidad anaeróbica resulta más compleja (Cooper y col., 2004). Para la evaluación de la cualidad aeróbica se utilizan generalmente métodos no invasivos (determinación o estimación del consumo máximo de oxígeno en una prueba máxima progresiva hasta el agotamiento), sin embargo, muchos autores, consideran necesaria la utilización de métodos invasivos a la hora de evaluar la cualidad anaeróbica — biopsias musculares, extracciones de sangre tanto arterial como venosa— (Ramsbottom y col., 1997).

El rendimiento aeróbico se obtiene en la mayoría de los casos a través de la determinación del consumo máximo de oxígeno en el laboratorio. Del mismo modo, este parámetro es el criterio mayoritariamente aceptado, para validar tests de campo mediante técnicas de regresión lineal. Tras la validación, es posible relacionar el $VO_{2máx}$ obtenido en el laboratorio y el rendimiento en la prueba, lo que permite estimar de forma indirecta el $VO_{2máx}$ (Léger y Boucher, 1980; Léger y Lambert, 1982; Léger y col., 1988).

Para el estudio del rendimiento anaeróbico también se han desarrollado pruebas no invasivas. Uno de los criterios más aceptados, aunque también cuestionado (Bangsbo, 1992) es el déficit de oxígeno máximo acumulado durante un ejercicio intenso (Medbo, 1988). Otra prueba muy extendida y aceptada para estimar el rendimiento anaeróbico en futbolistas es el test de Wingate (Inbar y col., 1996; Cooper y col., 2004). El test tiene una duración de 30 segundos y se realiza en un cicloergómetro ofreciéndonos la potencia máxima y media desarrollada y un índice de fatiga. En el apartado 3.3. se analizará con mayor detalle los aspectos relacionados con la valoración de la resistencia anaeróbica en el fútbol.

En el presente trabajo, sin entrar en la discusión sobre la mayor o menor eficacia de las pruebas de campo o de laboratorio aplicadas en la valoración funcional del fútbol, se intentará ofrecer una visión amplia acerca de la situación actual y de las propuestas más utilizadas en la evaluación de la resistencia aeróbica y anaeróbica. Se describirán y analizarán distintas pruebas ofreciendo datos de evaluaciones y estudios efectuados con futbolistas de distintas categorías, con orientaciones acerca de cómo utilizar la información obtenida en las pruebas de cara a optimizar el proceso de entrenamiento, y por ende, el rendimiento de los deportistas. Nos centraremos principalmente en pruebas que puedan ser fácilmente aplicables, y por lo tanto, que requieran de unos medios y materiales no demasiado sofisticados, y al alcance de la mayoría de equipos. Para llevar a cabo la mayoría de estas pruebas no se necesita más que un cronómetro y un radiocasete, aunque resulta muy útil realizar los tests con un pulsómetro que permita posteriormente recuperar los registros archivados. La información obtenida con este tipo de pruebas puede ser de gran ayuda a la hora de controlar y programar el proceso de entrenamiento, llevándonos en muchos casos a la individualización del mismo.

3.2. Valoración de la cualidad aeróbica

La larga duración de un partido de fútbol junto con los valores relativamente elevados de $VO_{2máx}$ obtenidos por los futbolistas de elite, son datos que revelan la importancia que tiene el entrenamiento y desarrollo de la cualidad aeróbica en el fútbol moderno. Además de ser la base para el entrenamiento de las demás cualidades, el desarrollo de la cualidad aeróbica es fundamental para poder llegar al final de los 90 minutos manteniendo óptimo el nivel de condición física (Magni y col., 2005). Esta circunstancia no siempre se consigue puesto que se observa en muchos casos la aparición de estados de fatiga en la última fase de la competición, circunstancia descrita en varios estudios donde se aprecia una menor intensidad de trabajo durante la segunda parte (Ekblom 1986; Bangsbo, 1994). Parece ser que un agotamiento de los depósitos de glucógeno en un elevado número de fibras musculares individuales, y una reducción en el contenido de líquido corporal, son los principales agentes causantes de dicha fatiga (Magni y col., 2005). En este sentido una correcta alimentación e hidratación, y un desarrollo óptimo de la cualidad aeróbica se constituyen como las medidas más adecuadas para evitar, o al menos minimizar esos estados de fatiga observados en la fase final de la competición (Magni y col., 2005). Se ha demostrado, con futbolistas juveniles de elite, tras ocho semanas de entrenamiento aeróbico una mejoría del rendimiento aeróbico. Además, esta adaptación positiva de la vía aeróbica, tuvo efectos positivos en algunos parámetros de la competición puesto que se incrementó la distancia recorrida durante un partido, la intensidad de trabajo, el número de sprints y el número de participaciones con el balón durante un partido de fútbol (Helgerud y col., 2001). Por otro lado, este incremento del rendimiento aeróbico no implicó cambios negativos en la fuerza explosiva (salto CMJ), en la capacidad de aceleración (tiempo de sprint sobre 10 y 40 metros) y en la velocidad y precisión de golpeo al balón (Helgerud y col., 2001). Por todo esto, y aunque un buen desarrollo de la cualidad aeróbica no es condición suficiente para un buen rendimiento físico en el fútbol, un déficit de ésta si puede provocar descensos en el rendimiento, especialmente durante las segundas partes (Bangsbo, 1994).

El criterio más utilizado para la valoración de la cualidad aeróbica ha sido la determinación del *consumo máximo de oxígeno*, pudiéndose realizar por medición directa (ergoespirometría) o estimándolo a partir del resultado obtenido en una prueba de campo previamente validada (Léger y Boucher, 1980; Léger y Lambert, 1982; Léger y col., 1988).

En el primer caso, para el fútbol, estas mediciones se han efectuado generalmente mediante protocolos triangulares progresivos hasta el agotamiento llevados a cabo en el laboratorio, generalmente sobre tapices rodantes o cicloergómetros (los primeros son más frecuentes al ser la carrera más específica que el pedaleo para los futbolistas). Además de obtener el $VO_{2máx}$, se pueden obtener otros parámetros como la economía de carrera, umbrales ventilatorios, la frecuencia cardiaca máxima, o la velocidad y potencia aeróbica máxima (VAM y PAM). La economía de carrera también es indicativa del nivel de desarrollo aeróbico. Se define como el coste de oxígeno total por metro y se expresa como el consumo de oxígeno a una carga de trabajo dada o el VO_2 por metro ($VO_2 \cdot m^{-1}$). Otros determinantes importantes de la cualidad aeróbica son el umbral láctico (UL); carga de trabajo, consumo de oxígeno o frecuencia cardiaca en la que la producción—eliminación de ácido láctico es estable. Si se sobrepasa ese punto, el ácido láctico comienza a acumularse rápidamente, impidiendo mantener dicha intensidad durante mucho más tiempo y conduciendo a un estado de fatiga. El UL suele determinarse mediante una prueba rectangular progresiva, que puede realizarse tanto en el campo como en el laboratorio. Los deportistas realizan series de ejercicio a velocidad constante de una duración entre 3 y 4 minutos, y una pausa, habitualmente de un minuto, que se aprovecha para la determinación de la concentración de ácido láctico, mediante la extracción de sangre capilar arterializada, generalmente del lóbulo de la oreja o yema del dedo. Tras la pausa la velocidad se incrementa, repitiendo 4 o 5 series hasta llegar a un estado cercano al agotamiento y poder posteriormente analizar la concentración de lactato sanguíneo (curva de acumulación). En los deportes de resistencia el UL debería ser mejor indicador del rendimiento aeróbico que el $VO_{2máx}$ (Helgerud y col., 2001), aunque, sin embargo, en los juegos deportivos colectivos como el fútbol, la determinación del umbral láctico con este método, resulta muy costoso en tiempo y en dinero debido al elevado número de jugadores que componen una plantilla, estando al alcance de muy pocos equipos. Por otro lado la cualidad aeróbica es uno más de los componentes que determinan el rendimiento físico de los futbolistas (y no el principal como en los deportes de resistencia) por lo que no parece imprescindible una valoración tan compleja. Además, estudios recientes con futbolistas juveniles de elite demuestran tras seis controles a lo largo de la temporada una mejoría en el rendimiento aeróbico aunque la velocidad de carrera en el umbral láctico únicamente se incrementó tras la pretemporada, manteniéndose en valores similares el resto de la temporada (McMillan y col, 2005b). Dado que tras la pretemporada el umbral láctico no cambia en términos relativos, la mejoría en el rendimiento aeróbico puede ser atribuida según los autores a cambios en el $VO_{2máx}$ y/o en la economía de carrera (McMillan y col, 2005b).

Aunque todas las posibilidades pueden ser válidas y dentro del gran número de pruebas de que disponemos para valorar la cualidad aeróbica en el fútbol, parece conveniente que la evaluación de la cualidad aeróbica en el fútbol se realice con pruebas de campo de carácter colectivo que pueden administrarse a un equipo entero en un tiempo prudencial, sin afectar en gran medida al valioso y muchas veces escaso tiempo de entrenamiento. Si revisamos la bibliografía reciente son este tipo de pruebas las más utilizadas para estudiar el rendimiento aeróbico de los futbolistas (Ekblom, 1989; Bangsbo y Lindqvist, 1992b; Chamari y col., 2005), incluso se observa una tendencia a administrar protocolos que cada vez tienen más en cuenta el ejercicio intermitente característico del fútbol (Bangsbo, 1997b; Nicholas y col., 2000; Lemmink y col., 2004; Siegler y col., 2006).

Algunas de estas pruebas indirectas han sido validadas, y además, permiten en muchos casos realizar estimaciones del $VO_{2máx}$ a partir del rendimiento (tiempo máximo de prueba, velocidad final alcanzada, etc.) mediante un protocolo generalmente progresivo y máximo. Se suelen desarrollar en el propio terreno de juego, y en la mayoría de los casos, como se ha comentado anteriormente, no es preciso disponer de un material muy sofisticado para su aplicación, pudiendo ser aplicados a un número elevado de jugadores a la vez con el consiguiente ahorro de tiempo (Svensson y Drust, 2005).

Los tests de campo que se describen a continuación, pueden servir como medio de control del rendimiento, permitiendo comprobar el grado de desarrollo de la cualidad aeróbica, y además, se constituyen como un referente básico para la programación e individualización de las cargas de entrenamiento.

Las pruebas se han dividido en tres grupos de menor a mayor grado de especificidad. En primer lugar, pruebas genéricas cuyo protocolo no fue especialmente diseñado para valorar a futbolistas, pero se han utilizado con frecuencia en el estudio del rendimiento aeróbico en el fútbol. En segundo, pruebas para valorar a futbolistas que utilizan señales sonoras para controlar y monitorizar la velocidad de carrera (pruebas Beep), y en tercer lugar, pruebas específicas para futbolistas que además de la carrera incorporan algún elemento específico del fútbol (conducción del balón, giros, carrera hacia atrás, etc.).

3.2.1. Tests genéricos utilizados en el fútbol para la valoración de la cualidad aeróbica

3.2.1.1. Test de Cooper

Cooper (1968) presentó una prueba para predecir el consumo máximo de oxígeno que fue muy utilizada tanto en el campo de la Educación Física como del deporte. Ésta consistía en recorrer la máxima distancia posible en 12 minutos. Para su desarrollo el deportista debe elegir una velocidad de carrera y mantenerla durante toda la prueba. La elección de dicho tiempo fue debido a que se estiman 12 minutos como la duración máxima que se puede mantener un esfuerzo de intensidad próxima al $VO_{2máx}$ (Rodríguez y Aragonés, 1992). De todas maneras, en sujetos no especialistas en resistencia, es complicado que sepan elegir la velocidad optima que les permita correr durante 12 minutos, por lo que frecuentemente en la primera parte de la prueba la velocidad es demasiado rápida, agotándose en la segunda parte y bajando el ritmo. Para evitar este hecho es conveniente informar al deportista de que debe mantener una velocidad lo mas uniforme posible durante toda la prueba, y que el evaluador mediante tiempos de paso por vuelta controle esta variable, para ayudar a los deportistas a mantener un ritmo constante. La principal ventaja del test de Cooper es que no se necesita ningún material específico para poder llevarlo a cabo. Esta prueba ha sido muy utilizada en el fútbol, sobre todo en los años ochenta, incluso fue definida a principio de los noventa como la prueba de más utilidad para valorar la función cardiovascular en futbolistas (Bosco, 1991). Para los futbolistas este autor propone variar la prueba, debiendo correr una distancia prefijada de 3000 metros y cronometrando el tiempo necesario para cubrir la distancia (para hacerlo en 12 minutos deberá correr a 4 minutos el km).

La ecuación predictiva para estimar indirectamente el $VO_{2máx}$ es la siguiente:

$$VO_{2máx} \ (ml \cdot kg^{-1} \cdot min^{-1}) = 22.351 \cdot D \cdot 11.288$$

Cuadro 1. Ecuación para predecir del $VO_{2máx}$ a partir de la distancia recorrida en el test de Cooper. D=Distancia recorrida en la prueba.

En el estudio de validación del autor (Cooper, 1968) la correlación $VO_{2máx}$ y la distancia recorrida fue menor en las mujeres (r=0.65-0.75) que en los hombres (r=0.8-0.9). Además, la fiabilidad fue poco homogénea (r=0.65-0.93). Como se verá   a continuación, en la actualidad, existen otras pruebas más precisas para la estimación del $VO_{2máx}$.

En las tablas 1 y 2 se muestran los resultados obtenidos por futbolistas de distintas categorías en este test. Actualmente es una prueba poco utilizada ya que suelen aplicarse pruebas que controlan la velocidad del deportista a través de señales sonoras, como las que veremos a continuación.

Demarcación	nº	Distancia (m)	DS (m)
Porteros	6	2600±298	298
Defensas	16	2600±173	173
Centrocampistas	22	2990±195	195
Delanteros	58	2874±183	183

Tabla 1. Distancia recorrida en el test de Cooper por jugadores profesionales. (Bosco, 1991).

Autor	Año	Categoría (años)	Dist. (m)	nº	País
Apor	1988	Alevines (11-12)	2585	127	Hungría
Apor	1988	Cadetes (15)	2800	78	Hungría
Apor	1988	Alevines (12)	2924	12	Hungría
Bosco	1989	Profesionales	3234	12	Italia
Gerish, Tritschökd	1985	Prof. 1ª División	3019	14	Alemania Federal

Tabla 2. Distancia recorrida por futbolistas de diversas edades y categorías durante el test de Cooper. Tomado de Bosco 1991.

3.2.1.2. Prueba progresiva de carrera en pista de la Universidad de Montreal

Léger y Boucher (1980) establecieron de forma indirecta la relación entre una prueba ergoespirométrica de laboratorio y la prueba UMTT (Université de Montreal Track Test). En el estudio original comprobaron la validez de la misma con 24 sujetos de edad 24.4±2.8 años a través de la medición del $VO_{2máx}$ en el laboratorio (prueba máxima progresiva) y su relación con la velocidad alcanzada en la prueba UMTT, obteniendo una alta correlación entre ambas (r=0.96). La fiabilidad fue evaluada realizando la prueba en dos ocasiones en 60 sujetos (49 hombres y 11 mujeres) de entre 21 y 30 años observando una buena tendencia de fiabilidad (Léger y Boucher, 1980). Posteriormente tras varios estudios, con niños y adultos, modificaron la prueba estableciendo una velocidad inicial de 7 km$\cdot$h^{-1} que se incrementa 1 km$\cdot$h^{-1} cada dos minutos. La prueba se lleva a cabo en una pista de atletismo de 400 metros, y para seguir el ritmo de carrera diseñaron un sistema de megafonía de forma que el sujeto adaptaba su velocidad para que la señal sonora coincida con el paso por las balizas colocadas en una pista de atletismo de 400 metros cada 50 metros (figura 1).

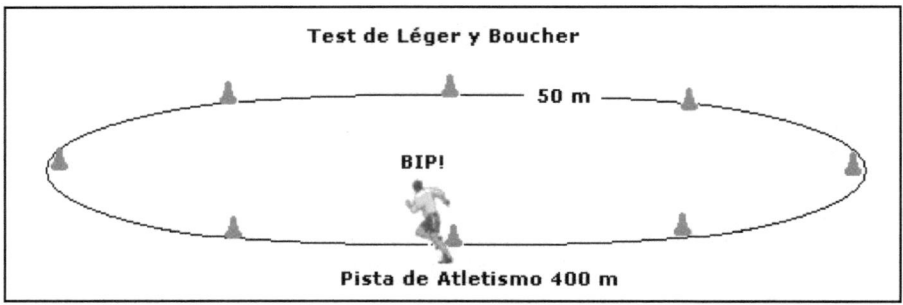

Figura 1. Circuito para realizar el test UMTT (Léger y Boucher, 1980) en pista de 400 metros.

La velocidad del último estadío completado tiene una alta correlación con la *velocidad aeróbica máxima* (VAM). La VAM es definida como la velocidad mínima necesaria para obtener el $VO_{2máx}$ en una carrera progresiva en tapiz rodante (Billat y col., 1994). Este concepto todavía ofrece alguna duda desde del punto de vista conceptual, aunque es indudable su utilidad para predecir el rendimiento en pruebas atléticas de fondo y medio fondo, y lo que es más útil para el fútbol, para programar de manera individualizada el entrenamiento.

Los autores popularizaron el uso de un sistema de megafonía para controlar la velocidad de carrera de los deportistas, sistema que tres décadas después sigue vigente como se puede comprobar en los últimos protocolos de campo diseñados en la valoración funcional, incluso en la específica para futbolistas (Nicholas y col., 2000, Cooper y col., 2004; Lemmink y col., 2004; Siegler y col., 2006). El único cambio destacable de los sistemas actuales es el empleo de audio CD o programas informáticos que ofrecen información complementaria en pantalla y además mejoran las prestaciones de las cintas magnetofónicas empleadas con anterioridad donde la variabilidad de la velocidad de giro del casette fue cuestionada puesto que podía ser distinta en función del magnetófono utilizado. Contra estas afirmaciones existen estudios donde se demostró, al usar diferentes equipos, que las variaciones son escasas y no afectan de manera significativa al desarrollo de las pruebas (Léger y Rouillard, 1983). En cuanto al desarrollo de la prueba, después de varios estudios con individuos, hombres y mujeres de distintas edades, (Léger y Boucher, 1980; Mercier y col., 1983; Léger y col., 1984) proponen varias fórmulas para estimar el $VO_{2máx}$ a partir del la velocidad aeróbica máxima (VAM), siendo la más sencilla y aceptada la siguiente:

$$VO_{2máx}\ (ml\cdot kg^{-1}\cdot min^{-1}) = 3.5\cdot V$$

Cuadro 2. Ecuación de predicción del $VO_{2máx}$ a partir de la distancia recorrida en la prueba UMTT. V=V*elocidad em km$\cdot h^{-1}$ del último estadío completado* en la prueba.

Estudios posteriores comprueban la validez de la estimación del $VO_{2máx}$ a partir de los resultados en la prueba, en atletas de fondo y medio fondo (Prat Torrens, 2000) con resultados aceptables. En cuanto su aplicación en el fútbol, el hecho de necesitar una pista de atletismo de 400 m y la aparición posterior del test de Léger y Lambert o course navette (Léger y Lambert, 1982, Léger y col., 1988), más especifico para el fútbol, al realizarse en trayectos de ida y vuelta sobre 20 metros, ha provocado que la aplicación de esta prueba en futbolistas no sea muy frecuente. Sin embargo, de todas las pruebas desarrolladas por el grupo de Léger es la que mayor correlación presenta con los valores de $VO_{2máx}$ obtenidos en laboratorio (Gadoury y Léger 1986; Berthoin y col., 1996). Como aspecto positivo la prueba permite obtener la velocidad aeróbica máxima, y la posibilidad de establecer, a partir de ésta distintos porcentajes individuales que facilitan programar el entrenamiento de resistencia, pudiendo establecer tiempos de paso individualizados para cada futbolista (o establecer grupos) en función del resultado de la prueba. Durante una valoración realizada en 1993 a 21 jugadores pertenecientes a un equipo español de Tercera División, en pretemporada, tras tres semanas de entrenamiento (datos no publicados previamente), el valor medio del último estadío finalizado fue de 10.62 ± 0.86 alcanzando una velocidad máxima (VAM) de 16.62 ± 0.86 km$\cdot$h^{-1} y un $VO_{2máx}$ estimado de 58.17 ± 3.03 ml$\cdot$kg$^{-1}\cdot$min^{-1}. En cuanto a la metodología empleada, la prueba se llevó a cabo con una velocidad Inicial de 7 km$\cdot$h^{-1} e incrementos de 1 km$\cdot$h^{-1} cada dos minutos. Para su desarrollo se diseñó un programa informático (lenguaje GW Basic) que emitía señales sonoras según el protocolo descrito (señales marcadas en la pista de atletismo cada 50 metros). Aunque se estimó la posibilidad de modificar el programa para que las señales fuesen colocadas cada 25 metros, y facilitar el desarrollo de la prueba, los futbolistas adecuaban correctamente el ritmo con señales cada 50 metros, por lo que se optó por mantener el protocolo original.

Último periodo completado	VAM (km·h⁻¹)	n° de jugadores
9	15	2
10	16	7
11	17	9
12	18	3

Tabla 3. Resultado obtenido en el test de Léger y Boucher por 21 futbolistas de Tercera División. Datos no publicados previamente (Yagüe, 1993).

Los jugadores realizaban la prueba con un pulsómetro Polar Sport Tester 3000 (Polar electro Oy, Kempele, Finland) permitiendo grabar la frecuencia cardiaca en intervalos de 5 segundos durante toda la prueba, para su posterior análisis. Como se observa en la tabla 3, la mayoría de jugadores alcanzaron una VAM entre 16 y 17 km·h^{-1}.

Los resultados de la prueba fueron utilizados para programar el entrenamiento aeróbico, especialmente el entrenamiento basado en carrera continua. Se realizaron tres grupos de entrenamiento, estableciendo distintos porcentajes de velocidad a partir de la VAM y relacionándolos con tiempos de paso en 1000 y 300 metros (vuelta al campo de fútbol) (tabla 4).

GE*	VAM $T_{1000} - T_{300}$	V95% $T_{1000} - T_{300}$	V90% $T_{1000} - T_{300}$	V85% $T_{1000} - T_{300}$
1	15.00	14.25	13.50	12.75
	4'00' - 1'12'	4'12' - 1'16'	4'26' - 1'20'	4'42' - 1'24'
2	16.00	15.20	14.40	13.60
	3'45' - 1'07'	3'56' - 1'11'	4'10' - 1'15'	4'24' - 1'19'
3	17.00	16.15	15.30	14.45
	3'32' - 1'03'	3'43' - 1'07'	3'55' - 1'10'	4'09' - 1'15'

Tabla 4. Grupos de entrenamiento a partir de los resultados obtenidos en el test de Léger y Boucher. Velocidad y tiempo de paso en 1000 y 300 m. VAM y porcentajes de ésta. La velocidad se presenta en $km \cdot h^{-1}$ y los tiempos de paso en minutos y segundos. Datos no publicados previamente (Yagüe, 1993). *GE: Grupos de entrenamiento.

De ese modo, en los entrenamientos basados en la carrera lineal, sin cambios de dirección y sentido, el entrenamiento continuo extensivo se programaba por debajo del 85% de la VAM, el continuo intensivo entre el 85-90% de la VAM, el interválico extensivo entre el 90-95% de la VAM y el interválico intensivo entre el 95-100% de la VAM. En definitiva y sin ser una prueba muy específica para futbolistas, resulta útil a la hora de programar el entrenamiento de la cualidad aeróbica ya que nos permite individualizarlo y adaptarlo a cada futbolista. Tuimil y Rodríguez (2003) con una orientación hacia el campo del atletismo establecen de forma más precisa diferentes categorías de entrenamiento a partir de la VAM.

Hablan de trabajo de eficiencia aeróbica, de capacidad aeróbica y potencia aeróbica. La eficiencia aeróbica la desarrollan mediante el método continuo largo (60 a 90 minutos a una intensidad correspondiente al 60-65% de la VAM), el método continuo medio (45 a 60 minutos a una intensidad correspondiente al 70-75% de la VAM) y el método continuo corto (30 a 45 minutos a una intensidad correspondiente al 80-85% de la VAM). Para la capacidad aeróbica utilizan el método interválico extensivo, entre el 90 y 100% de la VAM, con series entre 1000 y 3000 metros (de 2 a 10 minutos de duración), entre 2 y 8 repeticiones y una relación trabajo/pausa de 1/1 o 1/0.5. Para la potencia aeróbica utilizan el método interválico intensivo, entre el 100 y 110% de la VAM, con series entre 300 y 800 metros (de 40 segundos a 2 minutos de duración), entre 3 y 20 repeticiones y una relación trabajo/pausa de 1/1 o 1/1.5, pudiendo utilizar micropausas y macropausas.

Con el fin de obtener una VAM más precisa se han desarrollado otros protocolos. Brue (1985) validó uno similar pero con incrementos de 0.25 $km \cdot h^{-1}$ cada 30 segundos. Sin embargo parece que estos menores incrementos hacen que los sujetos continúen corriendo tras alcanzar el $VO_{2máx}$ sobreestimando la VAM hasta un 10% (Lacour y col., 1991).

3.2.1.3. Test de Leger o course navette

Partiendo de los mismos principios que en la prueba anterior (prueba máxima progresiva para determinar de forma indirecta el $VO_{2máx}$), se diseñó esta prueba (Léger y Lambert, 1982) posiblemente con la intención de facilitar su aplicación, incluso con niños, en las clases de Educación Física, sin necesidad de disponer de una pista de atletismo de 400 metros. El test de condición física consiste en repetir carreras de ida y vuelta sobre 20 metros con una velocidad progresivamente incrementada. El objetivo es completar tantos periodos como sea posible hasta el agotamiento, en un circuito que se crea fácilmente con dos líneas rectas paralelas colocadas en el suelo a 20 metros de separación. Los individuos corren el mayor tiempo posible sobre el circuito trazado con trayectos de ida y vuelta, y la velocidad de carrera es marcada por señales sonoras emitidas a través de una cinta magnetofónica. Léger y su grupo trabajaron durante 10 años en esta prueba realizando diversas modificaciones. El estudio original fue realizado con 91 adultos de una media de edad de 27.3±9.2 años. La prueba comenzaba a 8 $km \cdot h^{-1}$ con incrementos de 0.5 $km \cdot h^{-1}$ cada 2 minutos hasta el agotamiento. La alta correlación r=0.84 entre el $VO_{2máx}$ medido y estimado, les hizo considerar la prueba como válida y obtuvieron la siguiente ecuación de regresión $VO_{2máx}= 5.857 \cdot V - 19.458$, donde V era la velocidad en km·h⁻¹ del último estadío completado. También comprobaron con 25 de los 91 sujetos anteriores que la prueba era fiable independientemente del tipo de superficie (alta y baja fricción) donde se realizase.

Figura 2. Circuito para realizar la Course Navette (Léger y Lambert 1982; Léger y col., 1988)

Posteriormente (Léger y col., 1984) modifican la prueba utilizando periodos de un minuto de duración con más de 7000 adolescentes canadienses. El protocolo anterior que podía durar entre 20 y 40 minutos se hacía demasiado largo, especialmente para los más jóvenes. Finalmente en 1988 (Léger y col., 1988) llegan al protocolo más difundido hasta la actualidad. La velocidad inicial es de 8.5 km·h⁻¹ con incrementos de 0.5 km·h⁻¹ cada minuto (figura 2).

La prueba finaliza cuando el individuo se agota o se encuentra tres metros por detrás de la línea marcada, cuando suena la señal del ritmo de carrera. Se anota el tiempo en el que el sujeto finalizó el test. Un grupo de deportistas puede ser controlado al mismo tiempo. Por su naturaleza con cambios de sentido cada 20 metros, es un método idóneo para la evaluación en deportes que desarrollan actividades con frecuentes cambios de dirección y habituales aceleraciones y desaceleraciones (Mirella, 2001).

En el estudio de 1988 (Léger y col., 1988) participaron 188 niños y niñas de entre 8 y 19 años y 77 adultos, hombres y mujeres entre 18 y 50 años. En los niños la correlación ($VO_{2máx}$ medido – estimado) fue de 0.71 y de 0.90 en los adultos. La ecuación de regresión obtenida (aun vigente en la actualidad) es la siguiente:

$$VO_{2máx} \, (ml \bullet kg^{-1} \bullet min^{-1}) = 31.025 + 3.238 \bullet X - 3.248 \bullet A + 0.1536 \bullet A\text{-}X$$

Cuadro 3. Ecuación de predicción del $VO_{2máx}$ a partir del resultado en la prueba Course Navette. X= Siendo X la velocidad del último periodo completado en ($km \bullet h^{-1}$) y A=edad del sujeto en años. Para los adultos la edad debe ser un valor constante igual a 18.

La fiabilidad test-retest tuvo unos coeficientes de 0.89 para los niños (139 chicos y chicas de 6 a 16 años) y 0.95 para los adultos (81 hombres y mujeres entre 20 y 45 años).

En 1989 vuelven a validar el test en adultos con 53 hombres y 24 mujeres de entre 19 y 47 años (Léger y Gadoury, 1989) obteniendo una correlación entre la velocidad del último estadío completado y el $VO_{2máx}$ obtenido en laboratorio de r=0.90, y proponen la siguiente fórmula para los adultos.

$$VO_{2máx} (ml \cdot kg^{-1} \cdot min^{-1}) = -27.04 + 6.0 \cdot S\text{-}MAX$$

Cuadro 4. Ecuación de predicción del $VO_{2máx}$ modificada y orientada a adultos, a partir del resultado en la prueba Course Navette (Léger y Gadoury, 1989). S-MAX=Velocidad del último periodo completado en $(km \cdot h^{-1})$.

En la tabla 5 se muestra la predicción del $VO_{2máx}$ a partir del resultado en la prueba de Léger aplicando esta última fórmula.

Gran cantidad de estudios han analizado la validez de la prueba. En la mayoría de ellos obtuvieron resultados satisfactorios y altas correlaciones (Prats y col., 1986; Ramsbottom y col., 1988; Mahoney, 1992), incluso se ha validado la prueba para en atletas especialistas en resistencia (Mombiedro y col., 1992). Sin embargo, otros estudios advierten que aunque se trata de una prueba válida, la estimación indirecta subestima el consumo máximo de oxígeno real medido en el laboratorio (Sproule y col., 1993; St Clair-Gibson y col., 1998; Stickland y col., 2003). Éstos últimos proponen una fórmula con el fin de corregir esta subestimación para jóvenes (chicos y chicas) de entre 23 y 25 años en base a sus resultados con 60 chicos y 62 chicas.

Periodo (V)	$VO_{2máx}$*	Periodo (V)	$VO_{2máx}$	Periodo (V)	$VO_{2máx}$	Periodo (V)	$VO_{2máx}$
1 (8.5)	23,96	6 (11.0)	38,96	11 (13.5)	53,96	16 (16.0)	68,96
2 (9.0)	26,96	7 (11.5)	41,96	12 (14.0)	56,96	17 (16.5)	71,96
3 (9.5)	29,96	8 (12.0)	44,96	13 (14.5)	59,96	18 (17.0)	74,96
4 (10.0)	32,96	9 (12.5)	47,96	14 (15.0)	62,96	19 (17.5)	77,96
5 (10.5)	35,96	10 (13.0)	50,96	15 (15.5)	65,96	20 (18.0)	80,96

Tabla 5. Predicción del $VO_{2máx}$ a partir del resultado en la prueba Course Navette (Léger y col., 1988). * $VO_{2máx}$ en (ml•kg^{-1}•min^{-1}). V= velocidad en km•h^{-1}.

Las ecuación para chicos es $VO_{2máx}=2.75X+28.8$ y para chicas, $VO_{2máx}=2.85X+25.1$, siendo X el último medio periodo completado (si finaliza en el periodo 11 y 40 segundos del periodo 12, X sería igual a 11.5 y no a 11 con el fin de precisar más).

Estos estudios que detectan una subestimación en la predicción del $VO_{2máx}$ señalan que ésta es mayor en sujetos bien entrenados, con altos consumos de oxígeno y en parte dependiente del deporte en el que estén entrenados (St Clair-Gibson y col., 1998). Hay que tener en cuenta que en la mayoría de estudios realizados por el grupo de Léger las muestras pertenecen a individuos sin un entrenamiento especializado, y no a deportistas entrenados. Nuevos estudios (Cooper y col., 2005), basándose en investigaciones previas (Nevill y Atkinson, 1997) han cuestionado la fiabilidad de los métodos estadísticos utilizados en la mayoría de los estudios mencionados, especialmente el uso de los coeficientes de correlación en lugar del 95% del intervalo de confianza. En el estudio de Cooper participaron 30 varones estudiantes de Educación Física de 21.8±3.6 años de edad. El $VO_{2máx}$ estimado fue menor (55.7±5.0 ml·kg^{-1}·min^{-1}) que el obtenido en la prueba de laboratorio (57.5±4.5 ml·kg^{-1}·min^{-1}) por lo que concluye, que al menos en individuos jóvenes activos el test es reproducible, pero al aplicar métodos de análisis estadístico más apropiados, el test de Léger no proporciona predicciones válidas del $VO_{2máx}$ obtenido en el laboratorio, puesto que lo subestima. El caso contrario (sobreestimación usando la fórmula de Léger) fue observado en otro estudio en el que 70 sujetos sedentarios obtuvieron un consumo de oxígeno máximo en el laboratorio de 47.3±5.5 ml·kg^{-1}·min^{-1} mientras que el estimado en la prueba de Léger fue de 51.3±5.0 ml·kg^{-1}·min^{-1} siendo la diferencia entre ambos significativa ($p<0.001$) (Flouris y col., 2005). Según esto parece que tanto en sujetos entrenados como en aquéllos con unos valores de VO$_{2máx}$ bajos, la estimación de consumo máximo de oxígeno a partir de la fórmula de Léger puede ser errónea.

Al comparar la prueba en pista (Léger y Boucher, 1980) y la prueba de Léger (Léger y col., 1988) con una prueba máxima progresiva en laboratorio en 17 estudiantes de Educación Física (Berthoin y col., 1994) obtuvieron los mismos valores de VO$_{2máx}$ en el laboratorio por medición directa (56.8±7.1 ml·kg^{-1}·min^{-1}) y mediante estimación en la prueba en pista (56.8±5.8 ml·kg^{-1}·min^{-1}), mientras que el valor obtenido en la prueba de ida y vuelta fue más bajo (51.1±5.9 ml·kg^{-1}·min^{-1}). La velocidad máxima en la prueba en pista (15.8±1.9 km·h^{-1}) fue similar a la obtenida en el laboratorio (15.9±2.6 km·h^{-1}). Por el contrario se observó una velocidad significativamente menor en la en la prueba de ida y vuelta (13.1±1.0 km·h^{-1}). En este sentido la carrera con trayectos de ida y vuelta incrementa las demandas energéticas en relación a la carrera lineal debido a diferentes factores como la técnica de giro o la musculatura implicada en el mismo. Esta información debería ser tenida en cuenta cuando se diseña el entrenamiento físico en deportes que incorporan cambios de sentido, como es el caso del fútbol (Flouris y col., 2005).

En el fútbol, no hemos encontrado estudios como los mencionados para validar los valores de consumo de oxígeno en una prueba máxima de laboratorio y la prueba de Léger. De todas formas y a pesar de que las pruebas del grupo de Léger fueron desarrolladas, en la mayoría de los casos, en sujetos no entrenados específicamente para ningún deporte, esta prueba ha sido aplicada frecuentemente en gran cantidad de equipos, incluso en diversos estudios efectuados con futbolistas puesto que en definitiva es un método sencillo y adecuado para evaluar la función cardiovascular, llegando a un esfuerzo progresivo y máximo. Además los continuos cambios de sentido dotan a la prueba de un cierto grado de especificidad. En algunos estudios no se observó mejoría en el rendimiento en esta prueba tras ocho semanas de entrenamiento intenso en futbolistas (Odetoyinbo y Ramsbottom, 1997), incluso no hubo diferencias entre futbolistas de un equipo federado y otro de nivel recreativo (Edwards y col., 2003).

Ref	Categoría	nº	Periodo±DS
1	Regional Preferente	9	10.17±1.03
2	Regional Preferente	15	11.27±0.65
	Tercera	12	12.17±0.86
	Segunda B	19	12.39±1.01
3	Juveniles DH (Porteros)	11	10.18±1.47
	(Defensas centrales)	21	11.53±1.17
	(Defensas laterales)	15	10.83±1.53
	(Centrocampistas)	25	11.84±1.24
	(Delanteros)	24	11.58±0.86
4	Distintas categorías	81	(Ver tabla 20)
5	(Selección sub-18 de Singapure)	21	11.2±0.8
6	Primera División (Suecia)	17	14+1*

Tabla 6. Resultados obtenidos en el test de Léger (course navette) por futbolistas de distintas edades, categorías y demarcaciones. * Puntuación X + Y significa el número de recorridos Y que se completaron en el periodo X. **Ref.** 1. Yagüe, 1995, Datos no publicados previamente, 2 Yagüe y Yagüe, 1997, 3 Ardá, 1997, 4 Lemmink y col., 2004, 5 Aziz y col, 2005, 6 Balsom, 1999.

La causa podría ser que esta prueba no reproduce el patrón de esfuerzo intermitente al que deben someterse los futbolistas en competición (Svensson y Drust, 2005). Sin embargo nuestras experiencias y los resultados recopilados en la tabla 6 con diversas valoraciones se puede observar como los resultados se incrementan en función del nivel (categoría) de los jugadores.

La prueba resultó ser máxima en 6 futbolistas de primera división española si tenemos en cuenta la FC máxima alcanzada en la misma de 193.8±3.65 pul·min^{-1}, que fue incluso superior a la máxima obtenida en competición durante tres partidos de pretemporada 187.33±2.94 pul·min^{-1} (96.65% de la FC máxima en la course navette) (García y col., 2006).

A pesar de la menor velocidad alcanzada en la prueba de ida y vuelta, observaron un vínculo con la prueba en pista y proponen una fórmula para calcular la velocidad máxima de una prueba a partir de la otra (r=0.91).

$$V_{máx}UMTT(km·h^{-1}) = 1.81·V_{máx}Shuttle · 7.86$$

Cuadro 5. Relación entre la prueba UMTT (Léger y Boucher, 1989) y la prueba Course Navette (Leger y Lambert, 1982).

3.2.1.4. Test de Conconi

La prueba se basa en la idea de que la relación entre la velocidad de carrera y la frecuencia cardiaca durante un ejercicio progresivo, es lineal en intensidades bajas y medias, pero, sin embargo, ésta se vuelve curvilínea a partir intensidades submáximas hasta la intensidad máxima (Conconi y col., 1982). La velocidad o frecuencia cardiaca a la cual la relación FC – velocidad deja de ser lineal, denominada velocidad o FC de deflexión, presenta una correlación significativa con el umbral anaeróbico (Conconi y col., 1982, Droghetti y col., 1985), y refleja la intensidad máxima de ejercicio en la que la concentración de lactato sanguíneo permanece estable. Esta intensidad en torno al umbral anaeróbico podría ser mantenida de manera estable alrededor de 20 minutos (Beneke y Von Duvillard, 1996).

Existen adaptaciones del test de Conconi para distintas modalidades deportivas (Droghetti y col., 1985) incluso modalidades con un alto nivel técnico como el bádminton (Wonisch y col., 2003).

La prueba no está exenta de controversias con opiniones más o menos favorables sobre su fiabilidad (Jones y Doust, 1995), la dificultad para obtener la FC de deflexión y su correlación con el umbral anaeróbico. Algunos estudios ponen de manifiesto que los casos en que ésta fue evidente, tuvo lugar a una intensidad superior a la del umbral láctico y cercana al 95% de la frecuencia cardiaca máxima (Jones y

Doust, 1997). Frente a estas tendencias críticas a la prueba de Conconi, en su grupo de investigación afirman que las dificultades para obtener la FC o velocidad de deflexión se deben, en la mayoría de los casos, a errores metodológicos al realizar la prueba (Conconi y col., 1996).

Muchos estudios partiendo de la metodología de Conconi, y con protocolos más adecuados, sitúan el umbral anaeróbico (deflexión de la FC) entre el 88 y 93% de la $FC_{máx}$ (Hofman y col., 1994b; Conconi y col., 1996; Hofman y col., 1997; Jones y Doust 1995), sin duda porcentajes similares a los obtenidos por métodos metabólicos o respiratorios (Wonisch y col., 2003).

El protocolo inicial presentado por el grupo de Conconi consistió en mantener una velocidad constante, que es incrementada cada 200 m, registrando al final de cada fase la velocidad y la FC correspondiente. Tras 12 años de aplicación (Conconi y col., 1996) introducen modificaciones en el protocolo. En primer lugar, optan por incrementos de velocidad en rampa (pequeños y uniformes) en lugar de hacerlos en escalón ya que apreciaron que no son aconsejables incrementos en la FC por encima de 8 pul·min^{-1} por minuto de prueba. En segundo lugar, los incrementos de velocidad se realizan en función del tiempo en lugar de la distancia. Estas modificaciones permiten obtener muchos puntos en la relación FC-Velocidad, para apreciar de forma más clara la zona en la que la relación pierde la linealidad. Parece que la FC tarda entre 15 y 20 segundos en estabilizarse a la nueva intensidad, por lo que realizan protocolos con incrementos cada 30 segundos (en fútbol hemos aplicado incrementos de 0.25 km·h^{-1} cada 30 segundos con muy buenos resultados). También se han desarrollado modelos matemáticos que detectan de forma automática el punto de ruptura de la FC (Hofmann y col., 1994; Conconi y col., 1996; Ballarin y col., 1996). Si el análisis manual es realizado por un sujeto con experiencia las diferencias con el análisis matemático son muy escasas (Ballarin y col., 1996). En cuanto a la reproducibilidad del test (para ello se llevaron a cabo dos pruebas en 75 sujetos con una diferencia mínima entre ambas de un día y máxima de 7 días) la velocidad de deflexión fue la más reproducible seguida de la FC de deflexión y de la pendiente de la recta de regresión en la zona lineal (Ballarin y col., 1996).

En el grupo de Conconi, en 1996, modifican varios aspectos del protocolo. Además de los pequeños incrementos en función de un tiempo fijo, cuando se aprecia que el deportista está próximo al agotamiento se le ordena hacer la última parte (10 – 15 segundos hasta su agotamiento) a la máxima velocidad. Se cronometra el tiempo a dicha velocidad y medimos la distancia que ha recorrido para calcular la velocidad media final de ese último tramo. Además de la FC y velocidad de deflexión se obtienen otros índices interesantes.

FC Máxima: Máximo valor durante toda la prueba, es un dato importante ya que permite establecer porcentajes de trabajo a partir de dicha FC máxima muy válidos en la programación del entrenamiento. Parece que la FC máxima en la prueba es un valor muy cercano a la máxima real. Comparaciones entre los valores de $FC_{máx}$ en el test de Conconi y en competición nos muestran resultados muy parejos en deportistas de elite con valores medios para competición y test de 186.6±9.4 y 186.0±10.3 pul·min^{-1} en 9 ciclistas, de 182.8±5.5 y 182.6±5.5 pul·min^{-1} en 6 biatletas y de 179.5±8.7 y 181.0±11.0 pul·min^{-1} en 6 jugadores de baloncesto (Conconi y col., 1996).

Velocidad aeróbica máxima (VAM): Es un índice de potencia aeróbica. Se obtiene extrapolando la parte lineal del test hacia la FC máxima (gráfico 1).

Velocidad anaeróbica (V_{an}): Es la diferencia entre la velocidad máxima (obtenida tras la aceleración final cuando el deportista está próximo al agotamiento) y la velocidad aeróbica máxima (obtenida mediante el procedimiento explicado anteriormente. (gráfico 1).

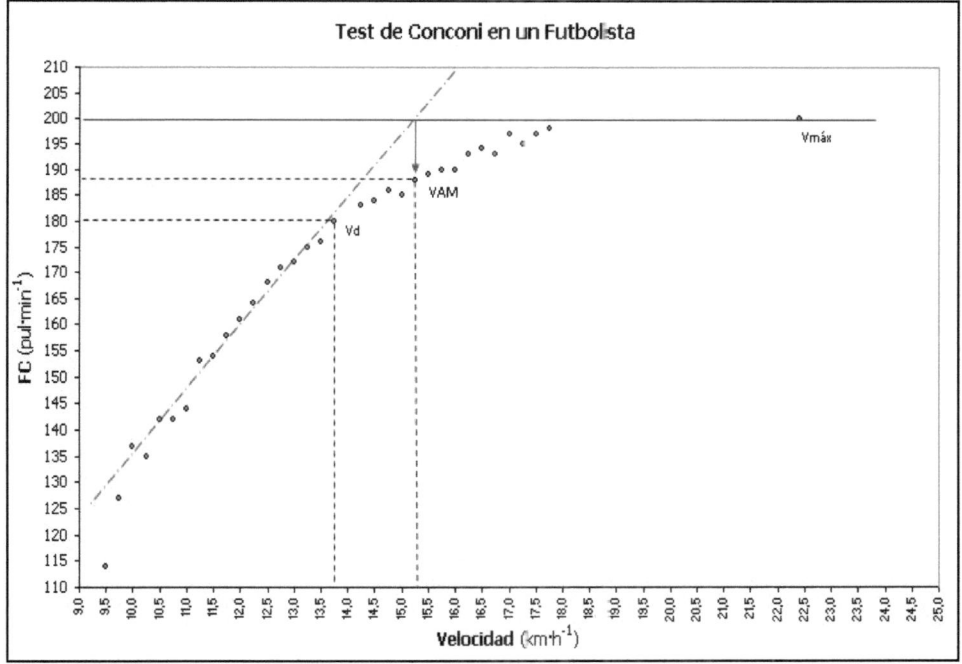

Gráfico 1. Resultado del test de Conconi en un futbolista amateur (categoría Regional Preferente). Protocolo. Velocidad inicial 9.5 $km \cdot h^{-1}$ con incrementos de 0.25 $km \cdot h^{-1}$ cada 30 segundos hasta la fase final donde el deportista corre a máxima velocidad. Las variables obtenidas son: $V_{máx}$ 22.4 $km \cdot h^{-1}$, $FC_{máx}$ 200 $pul \cdot min^{-1}$. VAM 15.25 $km \cdot h^{-1}$, FC_{VAM} 188 $pul \cdot min^{-1}$ (94% $FC_{máx}$), V_{an} 7.15 $km \cdot h^{-1}$, V_d 13.75 $km \cdot h^{-1}$, FC_d 180 $pul \cdot min^{-1}$ (90% $FC_{máx}$). Datos no publicados previamente, 2006.

Para efectuar el test es necesario que el sujeto lleve un pulsómetro que memorice la frecuencia cardiaca para ser analizada al término de la prueba. El control de la velocidad puede realizarse de varias formas. En este sentido, la metodología que hemos utilizado durante más de diez años y que nos parece más correcta para controlar la velocidad en el test de Conconi es la introducida por el grupo de Léger (Léger y Boucher, 1980) de incorporar una señal sonora programada, que el deportista hará coincidir con su paso por señales separadas unos 15 o 20 metros, y así controlar la velocidad de forma exacta. De otro modo será muy complicado ver la inflexión de la línea de la frecuencia cardiaca y más aun poder reproducir el test en idénticas condiciones para compararlo en sucesivos controles.

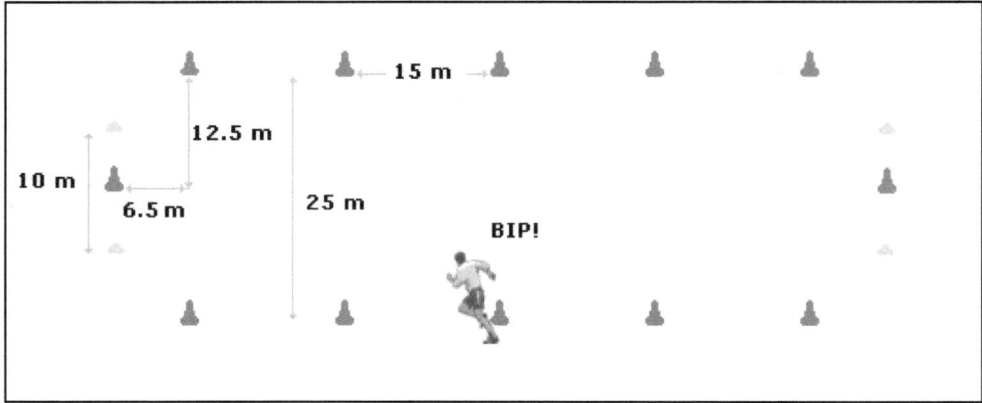

Figura 3. Ejemplo de circuito para realizar el test de Conconi modificado (incrementos de velocidad en función del tiempo) en el propio campo de fútbol con balizas cada 15 metros en un circuito de 180 metros.

Se puede realizar en el propio campo de fútbol, en un circuito balizado alrededor del mismo (figura 3), y lo podrán hacer a la vez tantos jugadores como pulsómetros estén disponibles.

Con 8 pulsómetros se puede realizar en tres tandas, lo que supone un tiempo entre 60 y 90 minutos para valorar a un equipo de 24 jugadores (aunque si queremos hacer la aceleración de la fase final, lo cual no es imprescindible, debemos estar atentos a los jugadores para indicarles cuando deben acelerar, y grabar la prueba en video para calcular a posteriori el tiempo a la máxima velocidad y la distancia recorrida de cada jugador). Además un tercio del campo quedará libre para realizar otro tipo de trabajo antes o después de finalizar la prueba. A partir de la curva pueden calcularse porcentajes para las distintas zonas de entrenamiento de manera individualizada. En el gráfico 1 se observa la relación FC-velocidad en un futbolista, señalando asimismo la FC y velocidad máxima, FC y velocidad aeróbica máxima, velocidad anaeróbica y FC y velocidad de deflexión.

A partir de estos datos se pueden establecer distintas intensidades de trabajo para cada tipo de entrenamiento. Después de varios años utilizando este test con futbolistas hemos aplicado las siguientes intensidades para planificar distintos tipos de entrenamiento aeróbico (tabla 7).

Intensidad	Tipo de Entrenamiento
FC máxima - FC$_{VAM}$	Entrenamiento interválico intensivo
FC de Deflexión – FC$_{VAM}$	Entrenamiento interválico extensivo
95 - 100% FC de Deflexión	Entrenamiento continuo intensivo
90 – 95% FC de Deflexión	Entrenamiento continuo extensivo
60 – 70 % FC de Deflexión	Entrenamiento de regeneración

Tabla 7. Intensidades de entrenamiento en base a la FC máxima y FC de deflexión, y su relación con distintos tipos de entrenamiento de resistencia.

Aplicando esta tabla en el caso anterior (gráfico 1) el entrenamiento interválico intensivo se situaría entre 200 y 188 pul·min^{-1}, el entrenamiento interválico extensivo entre 180 y 188 pul·min^{-1}, el continuo intensivo entre 171 y 180 pul·min^{-1}, el continuo extensivo entre 162 y 171 pul·min^{-1}, y el de regeneración entre 108 y 126 pul·min^{-1}. En la tabla siguiente se muestran varias evaluaciones efectuadas con futbolistas de distintas categorías.

Aunque los resultados han sido satisfactorios con todos los protocolos, a lo largo del tiempo hemos ido realizando algunas modificaciones en los mismos (periodos en función del tiempo, de menor duración y con incrementos de velocidad menores) con el fin de obtener de manera más sencilla la FC y velocidad de deflexión.

Equipo	Prot.	nº	Apreciable V_d nº - %	$FC_{máx}$ (pul·min^{-1})	FC_d - (%$FC_{máx}$) (pul·min^{-1}) - (%)	V_d (km·h^{-1})
Regional Pref.	C	19	19 – 100%	190.1	177.9 – (93.60)	13.61
2ª División B	B	18	17 - 94.44%	189.2	176.8 – (93,45)	15.13
Regional Pref.	B	4	4 - 100%	190.3	178.5 – (93,80)	14.15
Regional Pref.	A	12	11 - 91.66	192.1	180.3 – (93,86)	13.85
Juv. D. Honor	A	10	9 - 90%	191.0	178.0 – (93,19)	14.13

Tabla 8. Resultados obtenidos por 63 futbolistas en el test de Conconi. Protocolo A: Velocidad controlada por una banda sonora emitida por un ordenador PC compatible conectado a megafonía en pista de 400 m, señalizada cada 20 m. Inicio a 10 km·h^{-1} con incrementos de 0.75 km·h^{-1} cada 200 m. Protocolo B: Velocidad controlada por un ordenador PC compatible conectado a megafonía en circuito de 180 m señalizado cada 15 m. Inicio a 11.5 km·h^{-1} con incrementos de 0.5 km·h^{-1} cada minuto. Protocolo C: Velocidad controlada por un ordenador PC compatible conectado a megafonía en circuito de 180 m señalizado cada 15 m. Inicio a 9.5 km·h^{-1} con incrementos de 0.25 km·h^{-1} cada 30 segundos. Los datos hacen referencia al valor medio de los resultados. Datos no publicados previamente, (Yagüe, 1995-2006).

Independientemente del significado y la detección de la FC de deflexión, realizando la prueba con un pulsómetro y un programa para controlar la velocidad de desplazamiento (similar al ideado por el grupo de Léger), siempre es posible obtener la curva FC-velocidad y diferentes porcentajes de intensidad en relación a la FC máxima, puesto que si se hace la prueba correctamente ésta es alcanzada (Conconi y col., 1996). Estos porcentajes son de una gran ayuda para programar e individualizar el entrenamiento de resistencia (Wonisch y col., 2003).

Estos autores destacan la importancia de la capacidad física de trabajo a una carga correspondiente a un determinado porcentaje de la FC máxima (physical working capacity PWC). En este trabajo aplicado al bádminton diseñan una prueba progresiva modificando el test de Conconi en el propio campo de bádminton con 17 sujetos. La FC y velocidad de deflexión fueron determinadas matemáticamente (Hofmann y col., 1994) en 16 de los 17 deportistas, y las diferencias con respecto a la capacidad física de trabajo al 90% de la FC máxima (PWC_{90}) fueron muy pequeñas, FC de deflexión de 179±5.5 pul·min^{-1} (91.8% de la FC máxima) y 176±5.5 pul·min^{-1} para la capacidad física de trabajo al 90% de la FC máxima. Posteriormente realizan una prueba de 20 minutos, con el mismo tipo de ejercicio que en la prueba progresiva pero a la velocidad correspondiente con la capacidad física de trabajo al 90% obteniendo en todos los sujetos condiciones estables de FC y lactato (175±9 pul·min^{-1} y 3.1 mmol·l^{-1}). Según los autores dadas las escasas diferencias entre la FC y velocidad de deflexión y éstas variables en el 90% de la FC máxima, la determinación de esta última tiene la ventaja de poseer una mayor objetividad. Otros estudios en línea con el citado anteriormente demuestran que tanto el segundo umbral ventilatorio (Yzaguirre y col., 2004; Ferrer y col., 2002), como el umbral láctico individual (Coen y col., 2001), se encuentran muy próximos al 90% de la FC máxima.

La determinación de la carga individual al 90% de la FC máxima tiene gran utilidad a la hora de programar e individualizar el entrenamiento de resistencia en los futbolistas y puede ser obtenido con cualquier prueba en la que sea alcanzada la FC máxima, no solo el test de Conconi. Los test de Léger-Boucher, course navette o muchos de los que veremos a continuación pueden ofrecernos esta información. Sin embargo debemos asegurarnos que la FC máxima obtenida en dicho test es realmente máxima, pues en ocasiones por falta de motivación, o problemas de otra índole los futbolistas se retiran prematuramente de este tipo de pruebas. En este sentido una solución podría ser continuar el seguimiento de FC principalmente en la competición de entrenamiento incluso en la oficial (algunos sistemas como Polar Team permiten la medición únicamente con el transmisor de FC sin necesidad del reloj, e incluso éste puede ser adherido en la espalda sobre la propia cinta transmisora que se coloca en el pecho). En este sentido la FC máxima del test debería ser ligeramente superior a la máxima de la competición. Se ha observado una FC máxima superior en la course navette (193.8±3.65 pul·min^{-1}) al compararla con tres partidos de pretemporada en futbolistas de primera división española; 187.33±2.94 pul·min^{-1} - 96.6% de la FC máxima obtenida en la course navette (García y col., 2006).

3.2.2. Test Beep desarrollados específicamente para la valoración de la cualidad aeróbica en el fútbol

En los últimos años han aparecido tests que tratan de evaluar el componente aeróbico introduciendo patrones de ejercicio y movimientos similares a los propios realizados durante un partido de fútbol. Posiblemente las pruebas más extendidas en la actualidad para evaluar la cualidad aeróbica en futbolistas son los llamados test Yo- Yo (Bangsbo, 1997b). En estas pruebas, el tiempo empleado en completar un recorrido, el tiempo de duración (en los tests progresivos máximos) o la distancia recorrida en un tiempo determinado, nos dará una idea del nivel de desarrollo del componente aeróbico o resistencia específica del jugador (Balsom, 1999). En algunos casos estas variables han tratado de ser relacionadas con otras internas al juego (analizadas previamente) como la distancia recorrida en el partido o el número de acciones realizadas a máxima intensidad (Bangsbo, 1997).

3.2.2.1. Test de Probst

Probst (1989) desarrolló una prueba a la que denominó test de intervalos para futbolistas. La prueba parte de la idea de Conconi, aunque posee ciertas variaciones con el fin de hacerla más específica para los jugadores de fútbol. El carácter interválico, con periodos de recuperación, y la carrera en zig-zag, que implica continuos cambios de dirección, dotan, como se ha señalado, de una mayor especificidad a la prueba. Su objetivo es determinar la velocidad aeróbica máxima (velocidad mínima para alcanzar el consumo máximo de oxígeno) y el punto en que la relación frecuencia cardiaca velocidad pierde la linealidad observada en las primeras intensidades de esfuerzo.

En cuanto al protocolo, después de un calentamiento de 15- 20 minutos el jugador corre en el circuito marcado a tal efecto en el propio campo de fútbol con un pulsómetro para registrar la frecuencia cardiaca. El recorrido a seguir está marcado con 14 balizas (figura 4), separadas 10 metros cada una de ellas. La distancia de cada vuelta es de 140 metros. Los jugadores recorren dos veces el trayecto (280 metros) en cada periodo de trabajo. El jugador debe ajustar su carrera a la señal sonora que marcará el ritmo de cada periodo. Se inicia el test con una velocidad de 8.4 km·h^{-1}, y a cada fase de esfuerzo le sigue una fase de recuperación de 30 segundos. El ritmo de carrera aumenta 0.6 km·h^{-1} por periodo y así sucesivamente hasta el agotamiento.

García y col., (2003), han desarrollado el software TVREF-v1.0 que permite reproducir el protocolo de Probst a través de señales sonoras que se corresponden con las velocidades descritas en el test, aunque modifican el protocolo inicial estableciendo una velocidad inicial de 10.8 km·h^{-1}. Detectan una FC y velocidad de aplanamiento tanto de forma manual como por determinación matemática (modelo de Tokmakidis y Léger, 1992).

Al igual que ocurría en el Test de Conconi (Ballarin y col., 1996) la deflexión fue observada en la mayoría de las pruebas por ambos métodos, y apenas hubo diferencias entre los

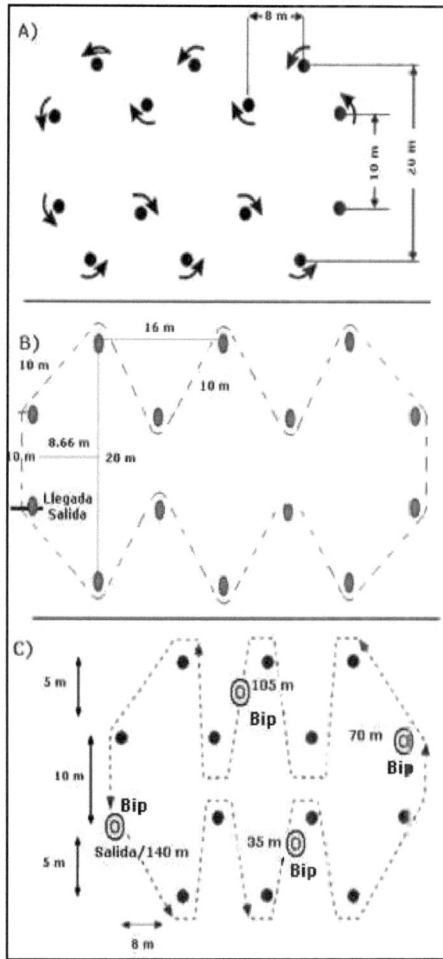

Figura 4. Distintas versiones del Test de Probst. A) Protocolo Original de 140 m. B) Protocolo modificado (García, 2000). Inicio a 10.2 km·h^{-1} con incrementos de 0.6 km·h^{-1} cada recorrido de dos vueltas y pausas de 30 s. Consta de 14 balizas situadas a 10 metros de distancia cada una. La velocidad de carrera es controlada por un programa informático, y puede ser realizada a la vez por 14 deportistas. C) Protocolo de Labsy y col., (2004). Velocidad inicial de 8.4 km·h^{-1} con incrementos de 1.2 km·h^{-1} cada periodo de dos minutos, pausa de 30 s por periodo. Las señales sonoras para el control de la velocidad coinciden con el paso del atleta por los conos amarillos situados cada 35 m. La prueba puede ser realizada por 4 deportistas simultáneamente.

dos aunque las velocidades y FC fueron ligeramente inferiores al usar el método matemático. Únicamente no se detectaron el 5.2% de los casos en el método manual y el 10.4% en el método matemático. Posiblemente las críticas vertidas sobre estos test relacionadas con la imposibilidad de detectar la FC y velocidad de deflexión (Coen y col., 1988; Galilea, 1994; Kuipers y col., 1988; Léger y Tokmakidis 1988b; Tokmakidis y col., 1987; Tokmakidis y Léger, 1992) estén más relacionadas con una metodología con señales sonoras controlando en todo momento la velocidad del deportista la FC y velocidad de deflexión es detectada en la mayoría de los casos en ambos test (ver también tabla 8 para el test de Conconi). García y col., (2003) destacan la importancia de cambiar el sentido de la marcha en cada periodo del test de

Categoría	nº	$V_{máx}$ (km·h^{-1})	$FC_{máx}$ (pul·min^{-1})	V_{Uanl} (km·h^{-1})	FC_{Uanl} (pul·min^{-1})
1ª División	95	16.5±0.1	188±0.8	14.2±0.1	179±0.7
2ª Div. B	36	16.5±0.1	189±1.3	14.0±0.1	180±1.0
3ª División	74	15.9±0.1	194±0.9	13.4±0.1	185±0.7
Juv Liga Nac	26	15.8±0.1	201±1.03	13.3±0.1	190±1.3
2ª Div. B^{A1}	23	17.6±0.8	190±13.11	13.8±0.97	161±5.9
2ª Div. B^{A2}	23	19.0±1.2***	188±13.87	14.6±1.47**	155±4.1**

Tabla 9. Resultados obtenidos en el test de Probst por futbolistas de distintas categorías, con análisis manual de los resultados. (García, 2000). A1 Datos de pretemporada; A2 Datos de Diciembre temporada (Gómez y col., 2005) Diferencias entre A1 y A2 ** $p<0.01$ *** $p<0.001$

Probst para no sobrecargar la misma pierna y evitar estados de fatiga a nivel local que podrían provocar la finalización prematura de la prueba. En la Tabla 9, se muestran los resultados obtenidos en esta prueba por futbolistas de distintas categorías en el test de Probst. La V_{Uanl} (velocidad en el umbral anaeróbico interválico) y la FC_{Uanl} (frecuencia cardiaca en el umbral anaeróbico interválico), se calculan en el punto dónde la relación FC (FC máxima del palier) – Velocidad, pierde la linealidad (misma metodología que en el test de Conconi). Los datos presentados en la tabla anterior por Gómez y col. (2005) son superiores a los presentados por el resto de referencias especialmente la segunda valoración donde se alcanza una velocidad máxima media de 19 km·h^{-1} incluso superior a la obtenida por Labsy y col. (2004) con carrera lineal (tabla 11).

Categoría	Inicio Pretemporada		Final Pretemporada	
	n°	Periodo	n°	Periodo
Cadetes	19	7.71±0.33	18	8.74±0.35
Juveniles	22	7.76±0.40	16	8.62±0.27
Amateurs (3ª Div)	19	8.64±0.25	15	9.60±0.33
Prof. (2ª Div. B)	19	8.64±0.24	18	9.38±0.36

Tabla 10. Resultados en el test de Probst tras un periodo de entrenamiento, en futbolistas de distintas categorías (Sevillano y col., 2002).

Sevillano y col. (2002) presentan datos de este test en jugadores cadetes, juveniles, amateurs y profesionales antes y después de un periodo de entrenamiento. En todos los casos se observa un mejor resultado en la prueba, tras el periodo de entrenamiento.

Existe una versión adaptada del test de Probst, con un protocolo similar, aunque los periodos tienen una duración fija de 2 minutos. La velocidad inicial es de 8.4 $km \cdot h^{-1}$ y los incrementos son de 1.2 $km \cdot h^{-1}$ por periodo, manteniendo los 30 segundos de recuperación (Labsy y col., 2004). Estos autores afirman que la versión adaptada predice con mayor exactitud la velocidad aeróbica máxima en futbolistas entrenados. En este estudio 14 futbolistas desde nivel regional a elite realizaron siete pruebas en un periodo máximo de 2 meses. Las pruebas realizadas fueron: test incremental máximo y progresivo sobre tapiz rodante con una pendiente del 1%, inicio a 12 $km \cdot h^{-1}$ con incrementos de 2 $km \cdot h^{-1}$ cada 2 minutos (1 $km \cdot h^{-1}$ a partir de 15 $km \cdot h^{-1}$) y 30 segundos de recuperación entre cada periodo, test de Probst tradicional, test de Probst adaptado mencionado anteriormente, test de Probst tradicional y adaptado sobre tapiz en laboratorio y test de Probst tradicional y adaptado en pista de atletismo de 400 metros sin cambios de ritmo y de dirección. Los resultados en dichas pruebas se observan en la tabla 11. La versión adaptada predijo con mayor exactitud la velocidad aeróbica máxima de los futbolistas, mientras que la versión tradicional sobreestimo dicha velocidad. La causa podría ser la corta duración de los periodos de trabajo en la versión tradicional en los últimos estadios de la prueba (menos de un minuto) unido a los 30 segundos de recuperación siguientes a cada periodo, lo que podría permitir sobrepasar la velocidad correspondiente con el $VO_{2máx}$ por una mayor contribución de la vía anaeróbica. Además no hubo mucha diferencia entre la velocidad máxima alcanzada en el trazado ideado por Probst (18.5 $km \cdot h^{-1}$) y el mismo protocolo en la pista de atletismo (19.2 $km \cdot h^{-1}$), lo que indica la buena adaptación de los futbolistas para superar las pérdidas de aceleración y el desplazamiento vertical del centro de gravedad inducido por los cambios de dirección en el circuito de Probst.

En nuestro grupo de trabajo en la Escuela de Medicina del Deporte de la Universidad de Oviedo, hemos aplicado una nueva versión del test de Probst en futbolistas aficionados (Categoría Regional Preferente). La velocidad inicial fue de 8.4 $km \cdot h^{-1}$ con incrementos de 0.6 $km \cdot h^{-1}$ por periodo, y 30 segundos de recuperación. Al igual que en el trabajo citado anteriormente (Labsy y col., 2004) hemos mantenido una duración fija pero en este caso con periodos de 1 minuto. Se alternaba el sentido de la carrera en cada periodo a lo largo de toda la prueba.

Test	FC$_{máx}$ (pul·min^{-1})	VO$_{2máx}$ (ml·kg^{-1}·min^{-1})	[La$_{máx}$] (mmol·l^{-1})	VAM (km·h^{-1})	V (km·h^{-1})
PRP Tapiz	196.3±0.6	56.9±3.6	11.4±1.0	17.3±0.9	
Probst tr$_{Lab}$	196.1±1.0	56.5±3.7	11.4±0.7	17.4±0.9	
Probst Ad$_{Lab}$	196.2±0.4	56.6±3.4	11.1±0.9	17.2±0.9	
Probst tr	196.2±1.0		10.9±1.0		18.5±0.9
Probst Ad	196.8±1.1		10.8±1.1		17.1±0.8
Probst tr$_{400m}$	196.2±0.7		10.8±1.0		19.2±1.0
Probst Ad$_{400m}$	196.2±0.8		10.5±1.1		17.7±0.8

Tabla 11. Resultados obtenidos por 14 futbolistas desde nivel regional a elite en diferentes modalidades del test de Probst. (Labsy y col., 2004).

Los niveles de FC y lactato al final de la prueba (tabla 12) indican que la ésta ha sido máxima. Pensamos que con periodos de un minuto e incrementos relativamente pequeños (0.6 km km·h^{-1}), se facilita la realización de la prueba especialmente en los futbolistas amateurs, aunque posiblemente, con periodos más cortos de esfuerzo, la velocidad final sobreestime la velocidad aeróbica máxima puesto que los sujetos continúan corriendo después de alcanzar el VO$_{2máx}$ (Lacour y col., 1991; Tuimil y Rodríguez, 2003; Labsy y col., 2004). De todas formas la obtención de una velocidad y FC máximas y de las curvas FC de esfuerzo y de recuperación durante un ejercicio máximo progresivo en el que se intercalan pausas utilizando un patrón de carrera acíclico, en distintos momentos de la temporada, son los datos más interesantes que nos ofrece esta prueba, siendo de gran utilidad para individualizar y programar el entrenamiento.

Test Fecha	nº	FCmáx (pul·min^{-1})	[La$_{máx}$] (mmol·l^{-1})	Vmáx (km·h^{-1})
Fin Pretemporada	18	192.3±7.1	10.8	15.25±0.43
Fin Primera Vuelta	17	193.5±5.7	10.3	15.76±0.50

Tabla 12. Resultados obtenidos por futbolistas aficionados en una modalidad adpatada del test de Probst. Velocidad inicial 8.4 km·h, incremento 0.6 km·h^{-1} pausa 30 s y periodo de duración fija de 1 minuto.

3.2.2.2. Tests Yo-Yo

Utilizando el mismo principio que Léger, (carrera de ida y vuelta sobre 20 metros y velocidad de carrera controlada por sonidos externos) Bangsbo propone los test Yo-Yo que constan de tres modalidades con dos niveles en cada una de ellas.

Los protocolos son diseñados en los primeros años de la década de los noventa y ya en 1994 aparecen en una publicación (Bangsbo, 1994b). Durante los siguientes años, y hasta la actualidad se han ido plantando nuevas investigaciones con el fin de analizar su validez y fiabilidad (Krustrup y col., 2003) y compararlos con pruebas de laboratorio tanto continuas como intermitentes (Metaxas y col., 2005; Castagna y col., 2005; castagna y col., 2006).

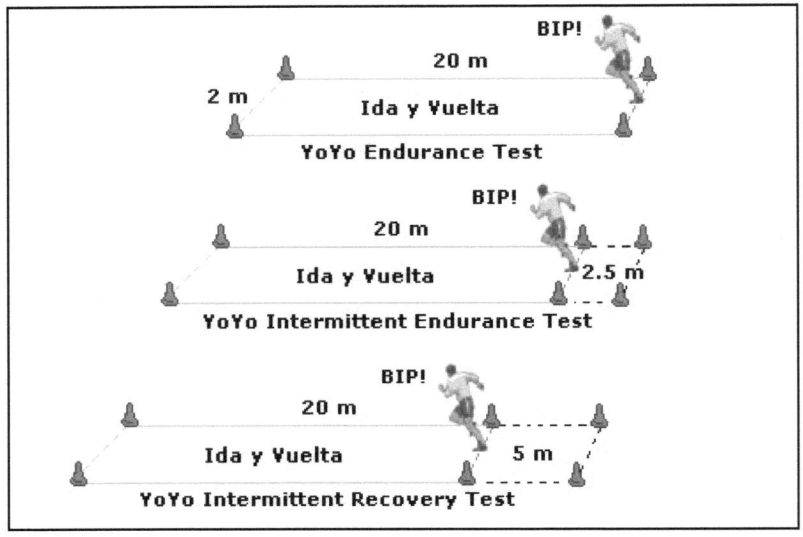

Figura 6. Circuitos para realizar las distintas modalidades de los Yo-Yo test (Bangsbo, 1996).

En su desarrollo los futbolistas tratan de completar recorridos entre dos líneas situadas a 20 metros, tratando en todas las pruebas, de seguir la velocidad marcada por las señales sonoras externas, durante el mayor tiempo posible. La prueba finaliza cuando no puede mantenerse el ritmo, o cuando el deportista llega con retraso a la línea de fondo por dos veces consecutivas. Las pruebas son las siguientes:

3.2.2.2.1. Yo-Yo Endurance Test

Protocolo triangular progresivo, máximo y colectivo. Misma filosofía que el test de Léger aunque se presentan dos niveles, uno orientado a futbolistas amateurs que comienza a 8 km·h^{-1}, y otro para futbolistas profesionales que comienza a 11.5 km·h^{-1}. El incremento de velocidad es de 0.5 km·h^{-1} por periodo Bangsbo (1997b). Se presenta una tabla de conversión para estimar el consumo máximo de oxígeno a partir del resultado en la prueba (Bangsbo, 1997b). Vargas y Terrados (2007) observaron una subestimación del VO$_{2máx}$ en esta prueba (nivel 1) con futbolistas de elite al realizar la prueba con un analizador de gases portátil (K4b^2, Cosmed, Italia).

El VO$_{2máx}$ estimado según las tablas de Bangsbo fue de 50.5 ml·kg^{-1}·min^{-1} mientras que el medido fue de 66.9 ml·kg^{-1}·min^{-1} alcanzando una FC máxima de 192 pul·min^{-1}. Idénticos resultados son obtenidos por Metaxas y col. (2005) al comparar cuatro test en 35 futbolistas juveniles de elite: Yo-yo endurance test – (YYET nivel 1), Yo-Yo intermittent endurance test (YYIET nivel 1) y dos protocolos sobre tapiz, uno continuo y el otro intermitente. La estimación del VO$_{2máx}$ en el Yo-Yo endurance test a partir del normograma de Bangsbo fue de 56.66 ml·kg^{-}

^{1}·min^{-1} valor significativamente inferior al obtenido en el YYIET (VO$_{2máx}$ medido con un analizador de gases portátil) 62.96 ml·kg^{-1}·min^{-1}, y en las dos pruebas de laboratorio (VO$_{2máx}$ medido con un analizador de gases fijo) 63.59 ml·kg^{-1}·min^{-1} en el protocolo continuo y 64.98 ml·kg^{-1}·min^{-1} en el intermitente. En otras variables como la FC máxima o el lactato máximo no se observaron diferencias entre las diferentes pruebas (YYIET 197.3 pul·min^{-1} y 9.93 mmol·l^{-1}, YYIET 196.3 pul·min^{-1} y 11.28 mmol·l^{-1}, lab. continuo 196.7 pul·min^{-1} y 10.33 mmol·l^{-1} y lab. Intermitente 194.9 pul·min^{-1} y 10.80 mmol·l^{-1}).Los valores medios obtenidos por futbolistas y atletas de fondo en esta prueba (nivel 1, inicio a 8 km·h^{-1}) se muestran en la tabla 14.

Los resultados obtenidos en esta prueba por futbolistas concuerdan con los obtenidos en el test de Léger, algo lógico si pensamos que el protocolo es prácticamente el mismo.

Periodo	V (km•h⁻¹)	Carreras Sobre 20 m	Distancia del Periodo (m)	Distancia Acumulada (m)
1	8.0	7	140	140
2	8.5	8	160	300
3	9.0	8	160	460
4	9.5	8	160	620
5	10.0	9	180	800
6	10.5	9	180	980
7	11.0	10	200	1180
8	11.5 *	10	200	1380
9	12.0	11	220	1600
10	12.5	11	220	1820
11	13.0	11	220	2040
12	13.5	12	240	2280
13	14.0	12	240	2520
14	14.5	13	260	2780
15	15.0	13	260	3040
16	15.5	13	260	3300
17	16.0	14	280	3580
18	16.5	14	280	3860
19	17.0	15	300	4160
20	17.5	15	300	4460

Tabla 13. Ficha técnica de la prueba Yo-Yo Endurance Test. * Inicio del nivel 2. En el nivel 2 la velocidad se incrementaría 0.5 km•h⁻¹ por periodo hasta el agotamiento de todos los futbolistas (Bangsbo, 1997b).

Deportistas	Distancia (m)	Periodo: Recorridos	$V_{máx}$ (km·h^{-1})	$VO_{2máx}$ (ml·kg^{-1}·min^{-1})
Atletas de Elite[1]	3621	18:2	16.5	72.6
Futbolistas de Elite[1]	2822	15:5	15.0	71.7
Fut. Elite juveniles [2]			14.5	56.33

Tabla 14. Valores medios obtenidos en la prueba Yo-Yo endurance test por; [1] atletas y futbolistas de elite. (Bangsbo, 1997b) y [2] 35 futbolistas juveniles de elite (Metaxas y col, 2005).

3.2.2.2.2. Yo-Yo Int. Endurance Test (YYIET)

Se trata de una prueba máxima e intermitente en la que los futbolistas, tras completar cada recorrido de ida y vuelta, es decir cada 40 metros, caminan durante 5 segundos en un espacio de 2.5 m habilitado tras la señal de 20 metros (figura 6).

La velocidad también se incrementa a lo largo de la prueba y se presentan dos niveles. En el primero la velocidad inicial es de 8 km·h^{-1} y el segundo de 11 km·h^{-1} (se pasaría al nivel dos cuando el deportista es capaz de finalizar el nivel uno). La evolución del protocolo se muestra en la tabla 15.

El objetivo principal de esta prueba es evaluar la capacidad del jugador para ejecutar repetidamente ejercicios intensos después de ejercicios intermitentes prolongados, situación similar a la de la última parte de un partido de fútbol (Bangsbo 1997). La duración de la prueba oscila entre 10 y 20 minutos. Castagna y col. (2006) estudiaron la validez del test Yo-Yo Intermittent Endurance Test nivel 1 (YYIET) como indicador de la potencia aeróbica en futbolistas juveniles de nivel regional. Para ello realizaron una prueba máxima en laboratorio (protocolo de Bruce) y la prueba YYIET, ambas con un analizador de gases portátil (K4b^2, Cosmed, Italia).

Aunque no hubo diferencias en la FC máxima entre ambas pruebas (192 y 193 pul$\cdot$min^{-1} para YYIET y laboratorio respectivamente), la prueba YYIET no resultó ser un buen indicador de la potencia aeróbica puesto que no se observó una correlación significativa entre el $VO_{2máx}$ en la prueba de laboratorio y la distancia máxima recorrida en el la prueba YYIET a diferencia de otras pruebas como la course navette o la prueba que veremos a continuación Yo-Yo intermittent recovery test (YYIRT). Esta circunstancia también es descrita al valorar a 8 futbolistas juveniles de la selección nacional sub-18 de Singapur (Aziz y col., 2005) mediante el test YYIRT nivel 1, la course navette y una prueba progresiva y máxima de laboratorio.

Aunque los valores de FC máxima y $VO_{2máx}$ fueron

similares en las tres pruebas tampoco observaron una buena correlación entre el $VO_{2máx}$ obtenido en la prueba de laboratorio y la distancia máxima recorrida en el YYIRT. Metaxas y col. (2005) también observaron un menor $VO_{2máx}$ (medido con analizador de gases portátil) en esta prueba al compararla con dos protocolos máximos de laboratorio uno continuo y otro intermitente, a pesar de que tanto FC máxima como lactato máximo fueron similares. Es de prever que nuevas investigaciones traten de explicar este hecho aunque todo parece indicar que la naturaleza intermitente de la prueba y más aun la larga duración de la misma, normalmente por encima de los 20 minutos introduce grandes diferencias en el tipo de esfuerzo en relación a las pruebas progresivas continuas tradicionales (course navette y pruebas máximas progresivas en laboratorio cuya duración oscila normalmente entre 10 y 15 minutos). La larga duración de esta prueba en el nivel 1 (hasta 30 minutos) hay que tenerla en cuenta en el caso de que dispongamos de poco tiempo para llevarla a cabo. En el trabajo citado la duración media fue superior a los 20 minutos, 1290±172 s (Castagna y col., 2006). En la tabla siguiente se muestran los resultados obtenidos por diferentes deportistas en la prueba Yo-Yo intermittent endurance test.

Periodo	Velocidad (km·h⁻¹)		Carreras ida vuelta (2x20 m)	Longitud del Periodo (m)	Dist. Acum. (m)	Tiempo del Periodo (s)		Tiempo Acum. (s)	
	N1	N2	N1 - N2	N1 - N2	N1 - N2	N1	N2	N1	N2
1	8.00	11.50	2	80	80	46.0	35.0	46.0	35.0
2	9.00	12.50	2	80	160	42.0	33.0	88.0	68.1
3	10.00	13.50	2	80	240	38.8	31.3	126.8	99.4
4	10.50	14.00	8	320	560	149.7	122.2	276.5	221.6
5	10.75	14.25	8	320	880	147.2	120.8	423.7	342.4
6	11.00	14.50	8	320	1200	144.8	119.5	568.5	462.0
7	11.25	14.75	3	120	1320	53.4	44.3	621.9	506.2
8	11.50	15.00	3	120	1440	52.5	43.8	674.5	550.0
9	11.75	15.25	6	240	1680	103.5	86.6	778.0	636.7
10	12.00	15.50	6	240	1920	102.0	85.8	880.0	722.5
11	12.25	15.75	6	240	2160	100.5	84.8	980.6	807.3
12	12.50	16.00	6	240	2400	99.1	84.0	1079.7	891.3
13	12.75	16.25	6	240	2640	97.8	83.2	1177.5	974.5
14	13.00	16.50	6	240	2880	96.4	82.3	1274.0	1056.8
15	13.25	16.75	6	240	3120	95.1	81.6	1369.2	1138.4
16	13.50	17.00	6	240	3360	93.9	80.9	1463.1	1219.3
17	13.75	17.25	6	240	3600	92.8	80.0	1556.0	1299.3
18	14.00	17.50	6	240	3840	91.6	79.3	1647.7	1378.6
19	14.25	17.75	6	240	4080	90.6	78.7	1738.3	1457.4
20	14.50	18.00	6	240	4320	89.6	78.0	1827.9	1535.4

Tabla 15. Ficha técnica de la prueba Yo-Yo Intermittent Endurance Test. Velocidades para los niveles 1 y 2 (Bangsbo, 1997b). La duración máxima para el nivel uno es de 30 minutos y 28 segundos y para el nivel 2 de 25 minutos y 35 segundos.

Deportistas / Referencia	Nivel	Distancia (m)	Vmáx (km·h⁻¹)	FCmáx (pul·min⁻¹)	VO2máx *
F. juveniles amateurs (Castagna, Belardinelli, 2003)	1	2914±448	13.25	--	--
F. juveniles amateurs (Castagna y col., 2006)	1	3025±432	13.25	192.0±7	50.2±2.1
F. Juveniles Elite (Metaxas y col., 2005)	1	2060	12.25	196.3±9	62.96±3.7
Atletas Elite (Bangsbo, 1997b)	2	2960	16.75		
F. Elite (Bangsbo, 1997b)		2280	16.00		
F. Elite Daneses Porteros Defensas centrales Centrocampis tas Delanteros (Michalsik, y col., 1995)	2	1720 2173 2360 1893	15.50 16.00 16.00 15.50		

Tabla 16. Valores medios obtenidos en la prueba Yo-Yo intermittent endurance test por atletas y futbolistas de elite. *(ml·kg^{-1}·min^{-1}).

3.2.2.2.3. Yo-Yo Int. Recovery Test (YYIRT)

Prueba máxima e intermitente en la que la velocidad inicial es más elevada que en las anteriores y la fase de recuperación tras cada recorrido de ida y vuelta es mayor (10 segundos). Durante dicho tiempo el jugador efectuara una carrera de baja intensidad en cinco metros habilitados tras la línea de salida (5 metros figura 6). El objetivo principal es examinar la capacidad de un jugador para recuperarse de un ejercicio intenso, y la duración total del test es menor que la de la prueba YYIET debido a su mayor intensidad. En realidad es considerada como una medida del rendimiento en el ejercicio intermitente de alta intensidad (Atkins, 2006), por lo que se manifiesta como una prueba muy específica para el fútbol. Dentro de los denominados test Yo-Yo es posiblemente la prueba que más repercusión ha tenido, puesto que ha sido estudiado en un importante número de investigaciones (Michalsik, y col., 1995; Krustrup y col., 2003; Castagna y Barbero 2005b; Castagna y D'Ottavio 2005; Atkins, 2006; Castagna y col., 2006). Como en los casos anteriores existen dos niveles adaptados a deportistas amateurs y profesionales. El primer nivel comienza a 10 $km \cdot h^{-1}$ y el segundo a 13 $km \cdot h^{-1}$. Un deportista pasaría al nivel 2 cuando alcanza la velocidad de 15 $km \cdot h^{-1}$ (Bangsbo, 1997b) en el nivel 1. Este hecho es muy interesante ya que si en un equipo disponemos jugadores con los dos niveles, los jugadores del nivel 1 tendrán una gran motivación para alcanzar el nivel 2. La mayoría de estudios, incluso con futbolistas de elite han utilizado en este caso el nivel 1 (Krustrup y col., 2003). Posiblemente la elevada intensidad del nivel dos implica un tiempo de prueba muy corto (menor de 10 minutos, tabla 17) incluso en futbolistas profesionales, por lo que el nivel 1 puede ser adecuado incluso para la elite. En la   tabla 17 se muestra la ficha técnica de este test en sus dos niveles.

Krupstrup y col. (2003) estudiaron las respuestas fisiológicas, la reproducibilidad   del test YYIRT y su aplicación al fútbol de elite en 54 futbolistas divididos en dos grupos. El test tuvo un alto grado de reproducibilidad pues los resultados fueron prácticamente idénticos tras repetir la prueba con una semana de diferencia en 17 futbolistas (1867±72 y 1860±89 metros con coeficiente de variación 4.9%). El resultado medio de todos los futbolistas fue de 1793±100 metros. En cuanto a la respuesta fisiológica la FC máxima en la prueba fue de 187±2 pul·min^{-1} lo que supuso el 99% de la FC$_{máx}$ obtenida en una prueba máxima progresiva de laboratorio. La concentración de lactato sanguíneo al final de la prueba fue de 10.1±0.6 mmol·l^{-1}. Además estudiaron otras variables como temperatura muscular, metabolitos musculares (CP, lactato muscular, glucógeno muscular pH, porcentaje de agua en el músculo, análisis de los diferentes tipos de fibras), niveles de K^{+}, insulina y NH$_3$ en plasma y pérdida de líquido corporal. El rendimiento en esta prueba (distancia máxima recorrida) se correlacionó con el de una prueba máxima progresiva de laboratorio (r=0.79 P<0.05) y a diferencia de los estudios efectuados en la prueba Yo- Yo intermittent endurance (Aziz y col., 2005; Castagna y col., 2006) si se observó una buena correlación con el $VO_{2máx}$ obtenido en la prueba de laboratorio (r=0.71 P<0.05).

En otra parte del estudio analizaron la evolución del rendimiento en la prueba YYIRT a lo largo de la temporada en 10 futbolistas realizando 4 controles (inicio y mitad de la pretemporada, e inicio y final de la temporada). La distancia máxima recorrida se incrementó un 25±6% desde la pretemporada (1760±59 m) hasta el inicio de la temporada (2211±70 m) permaneciendo similar al final de la misma. Un incremento del 29% (1875 y 2400 m) fue descrito por Barbero y Barbero (2003b) entre la pretemporada y el inicio de la misma tras 45 días de entrenamiento en jugadores de elite de fútbol sala. La FC tras 6 minutos de prueba, descendió desde el 90% de la $FC_{máx}$ en el primer control hasta situarse sobre el 85% en el resto. En cuanto al rendimiento por puestos específicos los laterales consiguieron los mejores resultados, seguidos de centrocampistas, delanteros y defensas centrales (tabla 18). Finalmente trataron de relacionar el rendimiento en la prueba YYIRT con el rendimiento físico durante el partido. Observaron una correlación entre el rendimiento en el YYIRT y el total de ejercicio de alta intensidad desarrollado durante el partido, número de sprints y distancia total recorrida.

Después del análisis muscular con biopsias, el desarrollo de la fatiga en el ejercicio intermitente de alta intensidad no se relaciono con factores como la baja concentración de pH, PC y glucógeno o la alta concentración de lactato muscular puesto que sus concentraciones musculares no fueron menores en el momento del agotamiento al compararlas con las obtenidas al 90% del mismo (un minuto y medio antes de la finalización de la prueba).

Al comparar las pruebas Yo-Yo endurance test nivel 2 y la prueba Yo-Yo intermittent recovery test nivel 1 la distancia máxima recorrida tuvo una correlación positiva en ambas pruebas ($r = 0.75$, $p = 0.00002$) (Castagana y col, 2006), sin embargo solo en la prueba continua (Yo-Yo endurance test) se obtuvo una correlación significativa con el $VO_{2máx}$ por lo que a pesar de que ambas pruebas tienen una velocidad inicial e incremento de las misma similares, están influenciadas por variables fisiológicas distintas. Mientas que el Yo-Yo endurance test se puede considerar un test genérico de capacidad aeróbica, el Yo-Yo intermittent recovery test

Peridodo	Velocidad (km•h⁻¹)		Carreras ida vuelta (2x20 m)	Longitud del Periodo (m)	Disist Acum. (m)	Tiempo del Periodo (s)		Tiemp o acum. (s)	
	N1	N2	N1 - N2	N1 - N2	N1 - N2	N1	N2	N1	N2
1	10.00	13.00	1	40	40	24.4	21.1	24.4	21.1
2	12.00	16.00	1	40	80	22.0	19.0	46.4	40.1
3	13.00	16.50	2	80	160	42.2	37.4	88.6	77.5
4	13.50	17.00	3	120	280	62.0	55.3	150.5	132.8
5	14.00	17.50	4	160	440	81.1	72.9	231.7	205.7
6	14.50	18.00	8	320	760	159.5	144.0	391.2	349.7
7	15.00	18.50	8	320	1080	156.8	142.2	548.0	491.9
8	15.50	19.00	8	320	1400	154.4	140.6	702.4	632.5
9	16.00	19.50	8	320	1720	152.0	139.0	854.4	771.6
10	16.50	20.00	8	320	2040	149.8	137.6	1004.1	909.2
11	17.00	20.50	8	320	2360	147.4	136.2	1151.5	1045.3
12	17.50	21.00	8	320	2680	145.8	134.9	1297.3	1180.2
13	18.00	--	8	320	3000	144.0	--	1441.3	--
14	18.50	--	8	320	3320	142.2	--	1583.5	--
15	19.00	--	8	320	3640	140.6	--	1724.1	--

Tabla 17. Ficha técnica de la prueba Yo-Yo Intermittent Recovery Test. Velocidades para los niveles 1 y 2 (Bangsbo, 1997b). La duración máxima para el nivel uno es 28 minutos y 44 segundos y para el nivel 2 de 19 minutos y 40 segundos.

debe considerarse como una prueba aeróbica-anaeróbica específica para el fútbol, u otro deporte con un patrón de ejercicio intermitente (Castagana y col, 2006).

Esta especificidad fue demostrada por el mismo autor (Castagna y D'Ottavio 2005) con árbitros de fútbol al comparar el rendimiento en el test de Cooper y en el test Yo-Yo intermittent recovery test nivel 1. Se observó una mayor diferencia de rendimiento en la prueba Yo-Yo según el nivel de los árbitros, mientras que el rendimiento en el   test de Cooper fue mucho más homogéneo. En jugadores de rugby también se observaron unas mejores prestaciones al comparar a jugadores profesionales con semiprofesionales (Atkins, 2006). Este mismo hecho fue observado en fútbol sala al comparar los resultados obtenidos por jugadores de la máxima categoría y de la división de plata (Barbero y Barbero, 2003). Los jugadores de la máxima categoría de fútbol sala son los que han obtenido los mejores resultados en la prueba (tabla 18).

En conclusión esta prueba tiene una alta reproducibilidad permitiendo evaluar el rendimiento físico en el fútbol y los cambios producidos a lo largo de la temporada. El YIYRT implica una solicitación mixta aeróbica-anaeróbica, evaluando la capacidad individual para recuperarse del ejercicio intenso, situación similar a la observada en   los momentos finales de los partidos de fútbol.

Deportistas / Referencia	Nivel	Distancia (m)	$V_{máx}$ (km·h⁻¹)	Tiempo máx (min:s)
Profesionales Daneses Defensas centrales Delanteros Centrocampistas Laterales (Krustrup y col., 2003)	1	1919±47 1966±30 2173±23 2241±25	16.50 16.50 17.00 17.00	15:37 16:07 17:50 18:16
Árbitros italianos series A y B (Castagna y col., 2005)	1	1874±431	16.50	15:20
Árbitros italianos serie C (Castagna y col., 2005)	1	1360±172	15.50	11:25
Árbitros italianos serie D (Castagna y col., 2005)	1	1272±215	15.50	10:32
Futbolistas juveniles españoles (Castagna y Barbero, 2005)	1	1653±400	16.00	13:39
Fútbol sala jugadores de campo División de plata División de honor (Barbero, 2002)	1	2257±437 2475±288	17.00 17.50	18:20 19:55
Jugadores de rugby profesionales (Atkins, 2006)	1	1656±403	16.00	13:40
Jugadores de rugby amateurs (Atkins, 2006)	1	1564±415	16.00	12:59
Atletas Elite (Bangsbo, 1997b)	2	1240	18.50	9:23
Futbolistas Elite (Bangsbo, 1997b)	2	1000	18.00	7:17

Tabla 18. Valores medios obtenidos en la prueba Yo-Yo intermittent recovery test por distintos grupos de deportistas.

3.2.2.3. The Loughboroug Intermittent Shuttle Test. LIST

La prueba LIST (Nicholas y col., 2000) trata de simular la actividad de un partido de fútbol, con una duración similar a la del mismo. Los deportistas realizan la prueba individualmente, por lo que es bastante complejo aplicarla en la práctica, pues se necesitaría muchísimo tiempo. Por ese motivo este test está más indicado para la investigación fisiológica, estudios nutricionales, o para monitorizar las respuestas al ejercicio intermitente de alta intensidad (Nicholas y col., 2000). El test consta de dos partes (figura 7). La parte A, en la que se suceden 5 fases de 15 minutos de ejercicio intermitente con periodos de recuperación de 3 minutos. En cada una de esas fases de ejercicio se suceden diferentes patrones de movimiento   entre dos líneas paralelas situadas a 20 metros de distancia. Tres trayectos sobre 20 metros caminando, un sprint sobre 20 metros, con células fotoeléctricas que miden los primeros 15 m, cuatro segundos de recuperación, tres trayectos de 20 m a una velocidad del 55% del $VO_{2máx}$ individual y tres 3 trayectos de 20 m a una velocidad   del 95% del $VO_{2máx}$ individual. Estos porcentajes se establecen a partir de las tablas para estimar el $VO_{2máx}$ según los resultados individuales de cada deportista en la course navette o progressive shuttle run test según la propuesta inglesa (Ramsbottom y col., 1988). Estos patrones se repiten entre 10 y 12 veces durante cada una de las 5 fases de 15 minutos. Tras la fase A, tiene lugar la fase B, sin tiempo limitado, cuyo objetivo es provocar el agotamiento de los participantes tras aproximadamente 10 minutos. Para ello recorren trayectos de 20 metros alternando la velocidad equivalente al 55 y 95% del $VO_{2máx}$ individual hasta que no pueden mantener la velocidad requerida. Para seguir los ritmos se elaboró un software específico. Los deportistas efectuaron la prueba con pulsómetro registrando la FC cada 15 segundos y se tomaron muestras de lactato sanguíneo durante los periodos de recuperación (fase A) y al final de la prueba.

Los valores obtenidos en las distintas variables monitorizadas fueron similares a los recogidos en la literatura durante la competición (Nicholas y col., 2000). La distancia total recorrida fue 12.4 $km·h^{-1}$, el tiempo medio de sprint sobre 15 m 2.42±0.04 s, la frecuencia cardiaca media de 169 $pul·min^{-1}$ (parte A) y 175 $pul·min^{-1}$ (parte B), los niveles de glucosa sanguínea de 6.3±0.6 $mmol·l^{-1}$. El lactato sanguíneo aumentó unos 7 $mmol·l^{-1}$ durante los primeros 15 minutos para luego estabilizarse en torno a los 6 $mmol·l^{-1}$. Por último, la pérdida de masa corporal fue de

2.1±0.1 kg. Para estudiar la fiabilidad de la prueba ésta fue realizada dos veces en 7 días, sin observarse diferencias significativas en ninguna de las variables monitorizadas en las dos pruebas (test-re-test). Según esto ésta prueba es muy adecuada para simular las demandas del fútbol, aunque, como se ha comentado su aplicación se sitúa más cerca del ámbito de la investigación científica.

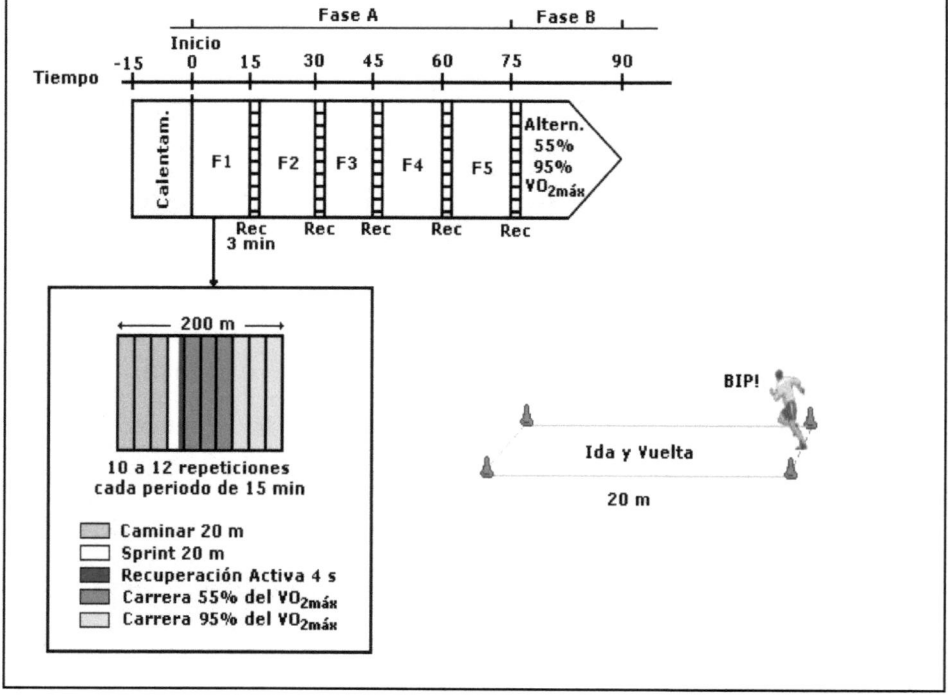

Figura 7. Esquema de la prueba LIST (Nicholas y col., 2000).

En varios estudios se ha utilizado este test con diversos propósitos; estudio del metabolismo muscular y del consumo de oxígeno durante la prueba LIST, estudio de la utilización del glucógeno muscular y en estudios de intervención nutricional (Nicholas y col., 1995; Nicholas y col., 1997; McGregor y col., 1999).

Otros autores han realizado variantes de la prueba LIST. Se trata del Single specific fitness test (SSFT) (Edwards y col., 2003). La prueba tiene menor duración que la anterior y también consta de dos partes, la parte A con 3 fases de 15 minutos (en lugar de 5) manteniendo los tres minutos de recuperación entre fase. Las velocidades fueron estandarizadas; 3 x 20 m caminado a 1.36 $m \cdot s^{-1}$, sprint de 20 m, 4 s de recuperación, 3 x 20 m de jogging —equivaldría al 55% del $VO_{2máx}$ de la prueba anterior— a 2.14 $m \cdot s^{-1}$ y 3 x 20 m de carrera rápida —equivaldría al 95% del $VO_{2máx}$ de la prueba anterior— a 3.70 $m \cdot s^{-1}$ lo cual permite la aplicación colectiva de la prueba. La parte B tuvo una duración fija de 10 minutos alternando cada 20 metros jogging (2.14 $m \cdot s^{-1}$) y carrera rápida (3.70 $m \cdot s^{-1}$). Los valores obtenidos en esta prueba fueron similares a los obtenidos en la anterior y sirvieron para encontrar diferencias significativas en el rendimiento entre futbolistas juveniles de elite y futbolistas amateurs (nivel recreativo) de similar edad, demostrando los primeros una mejor adaptación al ejercicio intermitente de alta intensidad (Edwards y col., 2003).

Otra modificación fue realizada para valorar a futbolistas de categoría femenina (Siegler y col., 2003) y futbolistas amateurs (Siegler y col., 2006).

En el primer caso la distancia entre las líneas de giro se reduce de 20 a 16 metros. La Fase A consta de dos series de 15 minutos con dos minutos de recuperación entre ambas. Durante los 15 minutos se suceden las siguientes actividades durante 9 veces. 3 x 16 m caminado a 18.5 s por trayecto de 16 m, sprint de 16 m, 4 s de recuperación, 3 x 16 m de jogging a 7.5 s por trayecto y 3 x 16 m de carrera rápida a 5.2 s por trayecto. La fase B, hasta el agotamiento alternó jogging y carrera rápida. Comenzó con un tiempo de 8 segundos para el jogging en una dirección y 5.7 s para la carrera en la otra, permitiendo 2 segundos de recuperación entre cada trayecto de ida y vuelta para decelerar y girar. Los tiempos de jogging y carrera rápida decrecían 0.1 segundos por minuto durante la fase b, aumentando así la velocidad de carrera hasta provocar el agotamiento.

En el segundo caso se efectúa el test tras un calentamiento de 5 minutos. Consta de 5 fases de 15 minutos con 3 minutos de recuperación entre cada fase (75 minutos de ejercicio y 15 de recuperación). Cada periodo de 15 minutos consta de 9 ciclos fijos que se suceden (3 x 20 m caminado a 5 km·h^{-1}, sprint, 4 s de recuperación, 3 x 20 m de jogging a 11 km·h^{-1} y 3 x 20 m de carrera rápida a 18 km·h^{-1}). En este caso no se evaluó el sprint sobre 20 metros y las velocidades de jogging y carrera rápida fueron obtenidas a partir de la velocidad media de sprint al 55% y 95% de la velocidad máxima, realizándose un programa informático para marcar los tiempos de cada tipo de desplazamiento. Estas modificaciones permiten la aplicación colectiva de la prueba, algo mucho más indicado cuando se trata de evaluar a futbolistas amateurs (Siegler y col., 2006).

3.2.2.4. Interval Shuttle Run Test –ISRT

Es un test intermitente progresivo y máximo especialmente diseñado para la valoración funcional en el fútbol. En el trabajo original (Lemmink y col., 2004) 81 futbolistas fueron divididos en tres grupos (elite, semiprofesionales y amateurs) desarrollando la citada prueba y a los pocos días el clásico test de Léger o course navette (*maximal multistage 20-m shuttle run test* – MMSRT *En este caso la course navette comenzó a 8.0 km·h^{-1} con incrementos de 0.5 km·h^{-1} cada minuto*). Se lleva a cabo en un circuito como el de la figura 8 con dos zonas para caminar de 8 metros de ancho y una zona de carrera de 21 metros.

La velocidad inicial es de 10 km·h^{-1} aumentando 1 km·h^{-1} cada periodo de 90 segundos hasta los 13 km·h^{-1}. A partir de entonces el incremento es de 0.5 km·h^{-1} por periodo. Asimismo cada periodo se divide en 2 fases de 45 segundos en los que se corre durante 30 segundos (entre las líneas separadas a 21 metros), y se camina durante 15 segundos en las áreas habilitadas a ambos lados de la zona de carrera. El protocolo completo se muestra en la tabla 19.

Los sujetos completaron entre 58 y 134 carreras, los resultados de cada uno de los grupos en la course navette y el la prueba ISRT se muestran en la tabla 20. Ambos test pueden considerarse como máximos, si atendemos a la FC$_{máx}$ obtenida. No apreciándose diferencias significativas en el valor de ésta variable en los distintos grupos de futbolistas estudiados. Por niveles, a pesar de obtener mejores resultados, la FC$_{máx}$ fue menor en el grupo de profesionales aunque las diferencias tampoco resultaron ser significativas.

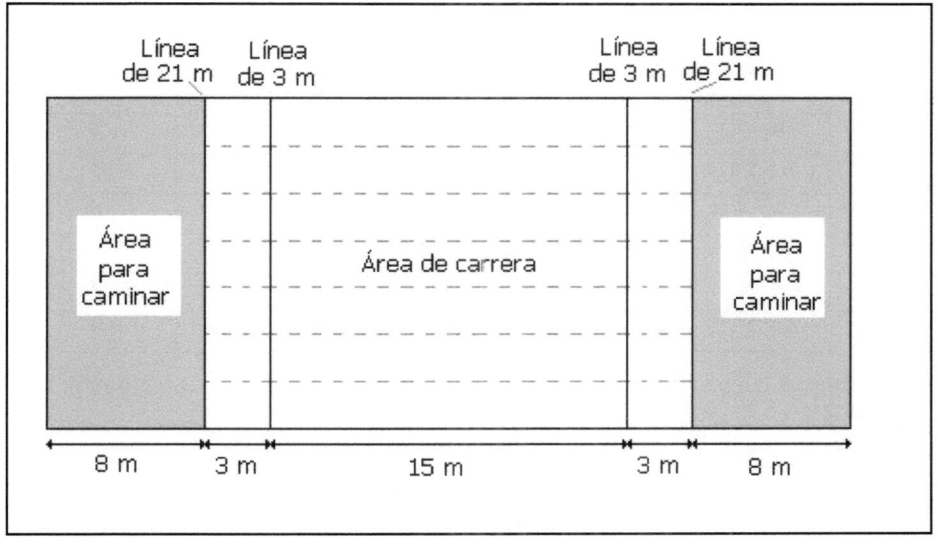

Figura 8. Esquema de la prueba interval shuttle run test – ISRT (Lemmink y col., 2004).

Las diferencias en el rendimiento según el nivel de los jugadores fueron más importantes en la prueba intermitente ISRT, lo que demuestra su mayor especificidad al evaluar a futbolistas. En la prueba ISRT el grupo de elite obtuvo una diferencia significativa con los semiprofesionales y amateurs ($p < 0.05$) aunque entre estos dos grupos la diferencia no fue significativa ($p > 0.05$). En la course navette las diferencias no fueron significativas entre ninguno de los grupos estudiados ($p > 0.05$).

nº Periodo - Vel. (km·h⁻¹)	Número de Carreras	nº Periodo - Velocidad (km·h⁻¹)	Número de Carreras
1 - 10	4 - 4	10 - 16	6 – 7
2 - 11	4 - 5	11 - 16.5	7 - 7
3 - 12	5 - 5	12 - 17	7 – 7
4 - 13	5 - 6	13 - 17.5	7 - 8
5 - 13.5	5 - 6	14 - 18	7 - 8
6 - 14	6 - 6	15 - 18.5	7 - 8
7 - 14.5	6 - 6	16 - 19	8 – 8
8 - 15	6 - 6	17 - 19.5	8 - 8
9 - 15.5	6 - 7	18 - 20	8 - 9

Tabla 19. Ficha técnica de la prueba Interval Shuttle Run Test (Lemmink y col., 2004)

	Prueba - Sujetos nivel (nº)	nº de carreras	V_{max} (km·h⁻¹)	FC_{max} (pul·min⁻¹)
ISRT	Elite (24)	110.5±11.72	15.9±0.45	184.9±7.23
	Semiprofesionales (31)	98.3±14.66*	15.4±0.63	190.8±9.31
	Amateurs (26)	93.5±17.06*	15.1±0.73	191.7±12.00
MSRT	Elite (24)	120.9±10.59	13.9±0.48	187.1±8.59
	Semiprofesionales (31)	118.9±14.04	13.8±0.62	192.2±8.42
	Amateurs (26)	113.0±17.11	13.6±0.80	190.8±9.61

Tabla 20. Resultados obtenidos en la prueba Interval Shuttle Run Test (ISRT) y course navette (MSRT) por 3 grupos de futbolistas (Lemmink y col., 2004). * Diferencia significativa en relación al grupo de elite (p<0.05).

3.2.2.5. Fatigue Test

Esta prueba se realiza en trayectos de ida y vuelta sobre 20 metros, hasta el agotamiento. Los deportistas alternan recorridos jogging (11 km·h^{-1}) y velocidad rápida (18 km·h^{-1}). Ida a 11 y vuelta a 18 km·h^{-1}, permitiéndose 2 segundos de recuperación entre cada recorrido de ida y vuelta con el objeto de decelerar la marcha y girar para un nuevo recorrido. El test es progresivo decreciendo el tiempo entre señal 0.1 segundos en ambas velocidades cada minuto. La prueba finalizaba cuando el sujeto no puede mantener el ritmo impuesto por la señal sonora durante dos recorridos consecutivos (Siegler y col., 2006). Los autores estimaron el VO$_{2max}$ a partir de la fórmula de Léger (Léger y Lambert, 1982). El tiempo medio alcanzado por 13 futbolistas amateurs en esta prueba fue de 615±67 s (10 minutos 15 segundos) con rango de 516 y 725 segundos.

3.2.3. Test específicos para el fútbol

3.2.3.1. Test de Ekblom

Se trata de un test de campo en el que se tiene en cuenta la actividad específica del fútbol (Ekblom, 1989). La prueba se lleva a cabo en un circuito (figura 9) que incluye carrera hacia delante, atrás, de lado, giros, carrera alrededor de las señales y saltos.

Los jugadores inician la prueba en solitario y van saliendo en intervalos de 15 segundos, debiendo completar 4 vueltas al circuito en el menor tiempo posible. Es, al igual que el test de Cooper, un protocolo rectangular en el que el jugador ha de elegir la máxima velocidad que le permita completar las 4 vueltas, por tanto la experiencia es un factor muy a tener en cuenta en esta prueba en tanto en cuanto facilitará la elección de la velocidad óptima.

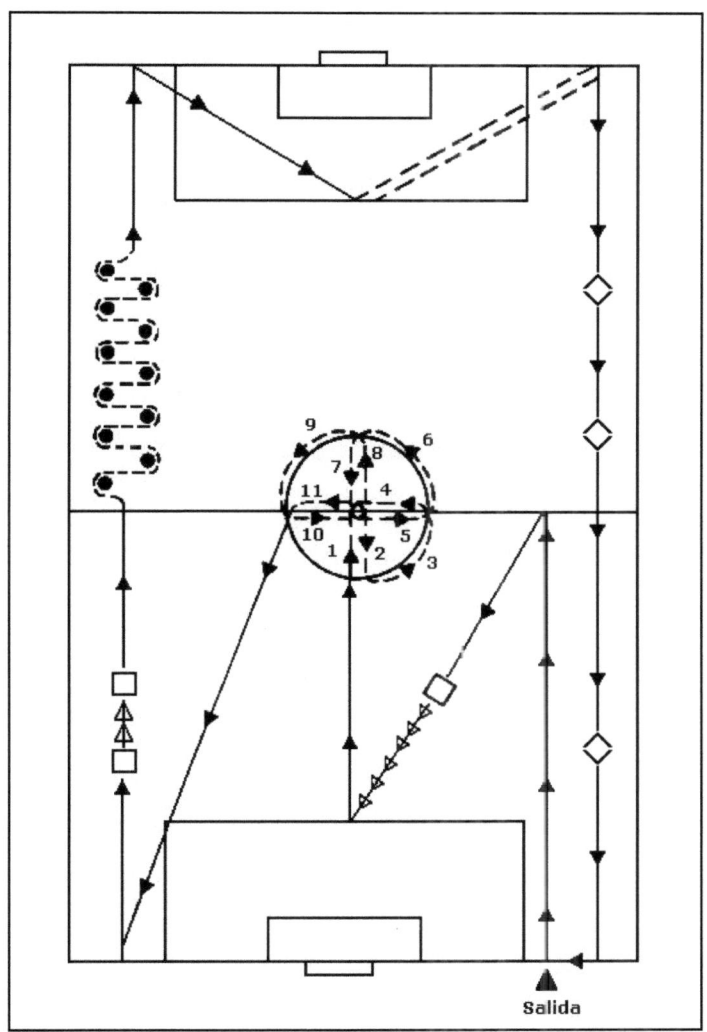

Figura 9. Circuito del test de Ekblom. Consta de 4 vueltas al circuito con carrera hacia adelante (▲), hacia atrás (Δ), y de lado (=), giros (□) y saltos (◊). El circuito puede modificarse, pero debe ser el mismo para sucesivos controles (Ekblom, 1989).

En la investigación de Ekblom la prueba fue realizada 8 veces por temporada, durante dos temporadas consecutivas en un equipo semiprofesional sueco. Se observó un mejor rendimiento (menor tiempo en completar las 4 vueltas) en la segunda temporada. Durante la primera temporada el tiempo medio descendió desde 621±43 hasta 529±24 segundos en el último test. Durante la segunda temporada el tiempo descendió significativamente desde el primero al sexto test, pero después no cambió (Ekblom, 1993). Según el propio autor, a pesar de utilizar un protocolo continuo y no discontinuo como sucede en la competición, la lactacidemia al final del test de 7.7±2.1 mmol·l^{-1} (similar a la registrada tras un partido 6.9 mmol·l^{-1}), y la frecuencia cardiaca al final de la prueba, cercana a la máxima 193±5 pul·min^{-1} (previamente se había obtenido una FC máxima de 196±5 pul·min^{-1} en una prueba aeróbica máxima en cinta rodante), hacen pensar que la prueba está indicada para evaluar la condición física de los futbolistas.

Esta prueba es citada posteriormente por Balsom (1999) pero no ha tenido mucha repercusión práctica y no existen trabajos que profundicen sobre las investigaciones iniciales de Ekblom. Sería necesario seguir investigando al respecto y analizar la validez y fiabilidad de la prueba, incluso redefinir el circuito fijando las distancias de manera más exacta, ya que como se puede observar en la figura 9, éstas son solo orientativas, y el propio Ekblom habla de la posibilidad de modificar el circuito siempre y cuando este se mantenga en futuras evaluaciones efectuadas en un mismo equipo.

También parece necesario comprobar si la mejoría en el rendimiento en esta prueba implica una mejoría en el rendimiento físico en competición: distancia recorrida, distancia recorrida a sprints, participaciones con balón, etc. Sin embargo, no parece muy probable que surjan nuevos estudios relacionados con este test pues hoy en día hay otras pruebas más sofisticadas y atractivas tanto para el ámbito de la evaluación como para el de la investigación. En resumen, podemos decir que Ekblom, pionero en el campo de la investigación fisiológica en el fútbol, abre con esta prueba el camino hacia la valoración específica en el fútbol sirviendo como referencia para desarrollar algunos de los protocolos específicos que hoy en día conocemos, aunque, por los motivos comentados anteriormente, en la actualidad esta prueba está prácticamente en desuso en el campo de la valoración funcional, si bien, podría ser utilizada como medio de entrenamiento incluso introduciendo la conducción del balón en alguna de sus partes.

3.2.3.2. Test de la capacidad de rendimiento intermitente

Es una prueba similar a la anterior, que incluye diversos patrones de movimiento (carrera adelante, atrás, lateral y slalom). La prueba fue descrita por primera vez por Bangsbo y Lindqvist (1992b). El protocolo en este caso es intermitente, de forma que a 15 segundos de ejercicio intenso le suceden 10 segundos de recuperación activa. El test se desarrolla en una superficie que se corresponde con la del área de penalti, con una distancia total por vuelta de 160 metros (figura 10).

Los jugadores repiten acciones sucesivas de 15 y 10 segundos durante dieciséis minutos y medio, completando 40 acciones a máxima intensidad (600 segundos - 10 minutos y 39 acciones de recuperación activa 330 segundos - 6.5 minutos). Durante   la recuperación activa el futbolista correrá a ritmo lento hacia el centro del circuito debiendo volver tras 10 segundos al último cono al que llegó en la acción de alta intensidad, para volver a efectuar otros 15 segundos de ejercicio de máxima intensidad. Durante las acciones de alta intensidad los futbolistas tratan de correr a la mayor velocidad posible en la modalidad de desplazamiento que les corresponda en función de la parte del circuito en la que se encuentren (carrera adelante, carrera hacia atrás, slalom y carrera lateral). Al final se registra la distancia cubierta durante los dieciséis minutos y medio. Para ello se multiplica el número de vueltas por 160 y se suma la fracción de la última vuelta, obteniendo así la distancia total recorrida. Bangsbo realizó análisis de lactato y registros de la frecuencia cardiaca obteniendo valores similares a los de los partidos, y además, intentó relacionar la distancia recorrida en el test con la distancia cubierta en un partido. En este sentido afirma que cuanto mejor es el resultado en el test, mayor es la distancia que puede cubrirse durante un partido, a pesar de que ésta está influenciada por múltiples factores como la táctica, la motivación y no sólo por la capacidad de resistencia. En la tabla 21 se muestran los resultados obtenidos por 41 jugadores daneses de primera división, 22 jugadores juveniles de elite (Túnez) y por 25 jugadores pertenecientes a la selección naciona de Túnez.

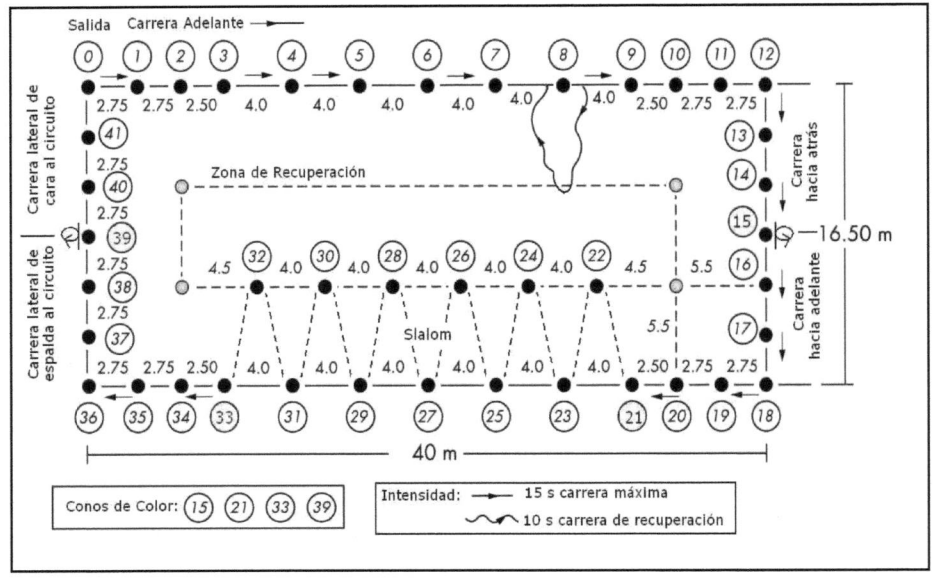

Figura 10. Circuito del test de Bangsbo (Bangsbo y Lindquist, 1992).

Esta prueba ha sido aplicada a 22 futbolistas juveniles de elite (Chamari y col., 2004). Éstos realizaron una prueba de laboratorio y el test de Bangsbo, y aunque no se obtuvo una buena correlación entre el $VO_{2máx}$ (obtenido en la prueba de laboratorio) y resultado en el test de Bangsbo (distancia recorrida), si lo hubo entre la velocidad de carrera a la que se alcanzo el $VO_{2máx}$ en la prueba de laboratorio y la distancia recorrida en el test ($R^2=0.55$ p<0.001). La concentración de lactato al final del test fue elevada y superior a la observada en los partidos alcanzando 9.0 mmol·l^{-1}, similar a la obtenida por Bangsbo, pero fue menor que la alcanzada por los jugadores del la selección nacional de Túnez (Chamary y col, 2004). En cuanto a la FC la media de 181 pul·min^{-1} (94% de la FC máxima) fue muy superior a la FC media de la competición. La FC máxima en el test 189 pul·min^{-1} (98.9% de la FC máxima) fue similar a la máxima obtenida en la prueba de laboratorio.

Chamari y col. (2004) consideran que son necesarias más investigaciones para determinar los efectos que el entrenamiento tiene sobre el test y analizar los resultados en varios controles durante una misma temporada. También consideran necesario analizar si un mayor rendimiento en la prueba es acompañado con un mejor rendimiento físico en competición (distancia recorrida, número de sprints, participaciones con balón, etc.).

El test puede ser apropiado para valorar la capacidad de resistencia intermitente en futbolistas aunque éstos han de estar muy comprometidos con el mismo ya que el resultado va a depender en gran medida del nivel de motivación del jugador, pues es él propio jugador el que elige la intensidad (velocidad de desplazamiento) durante la fase de esfuerzo. El tipo de esfuerzo 15 segundos a máxima intensidad seguidos de 10 segundos de recuperación quizá no es muy específico para los futbolistas complicando el mantener el ritmo durante toda la prueba. Posiblemente el test Yo-Yo de recuperación intermitente diseñado por el propio Bangsbo nos permita de forma más precisa y mucho más sencilla de desarrollar para el jugador y evaluador obtener una información similar a la de esta prueba.

Jugadores Referencia	nº	Distancia Total (m)	Rango (m)	FCmed/FCmáx pul$\cdot$min^{-1}	[La$_{máx}$] (mmol$\cdot$l^{-1})
Defensas[1]	17	1937	1721 - 2126	--	-
Centrocampistas[1]	14	1968	1759 – 2108	--	-
Delanteros[1]	10	1837	1688 - 2014	--	-
Equipo[1]	41	1926	1688 – 2126	--	8.5
Equipo[2]	22	1830±123	--	181±6/189±5	9.0±3.7
Equipo[3]	25	1879±123	--	186±10	14.8±1.3

Tabla 21. Resultados obtenidos en el test de capacidad de resistencia intermitente (Bangsbo y Lindquist, 1992). [1] Datos pertenecientes a futbolistas Daneses de primera división (Bangsbo, 1997); [2] Datos pertenecientes a 22 jugadores juveniles tunecinos de élite (Chamari y col., 2004). [3] Datos pertenecientes a la selección senior de Túnez que participó en la Copa de África y Mundial de fútbol de 2002 (Chamari y col., 2004).

3.2.3.3. Test de Hoff o Soccer specific dribbling track

Más que un test clásico se trata de un circuito de entrenamiento, aunque a partir del circuito inicial (Hoff y col., 2002) ha sido desarrollada una prueba de valoración funcional tomando como referencia este circuito (Chamari y col.,2005).

La idea inicial de los autores fue demostrar en que medida el entrenamiento específico con balón a través de cuadrados, y un circuito de conducción y dribbling pueden ser válidos y provocar efectos similares a los observados en ejercicio interválico clásico sin balón (Helgerud y col., 2001). Se trata de una prueba que se desarrolla en el propio campo de juego. El jugador ha de conducir el balón según el circuito de la figura 11.

Desde la salida los jugadores conducen el balón, driblan los conos y elevan la bola por las vallas de 30 cm. de altura. Posteriormente siguen el recorrido que indican las flechas y al llegar al punto A, se mueven de espaldas hasta el punto B manteniendo controlado el balón. En el punto B giran y conducen el balon nuevamente hasta el punto de salida. La prueba consiste en completar 2 periodos de 4 minutos separados   por 3 minutos a ritmo más bajo. En cada periodo de 4 minutos los jugadores deben alcanzar, tras 60 segundos, un ritmo de carrera equivalente al 90 – 95 % de la FC máxima (tras 60 segundos en cada serie), garantizando 3 minutos por serie a dicha intensidad. En los tres minutos de menor intensidad el ritmo debe ser del 70% de la FC máxima. La FC máxima había sido determinada en una prueba máxima progresiva en laboratorio, y el evaluador orientaba al jugador (que realizaba la prueba individualmente) sobre la FC que debía llevar durante la prueba. Tanto el deportista con el pulsómetro como el evaluador de forma telemétrica tenían conocimiento en cada instante de la FC.

Además se monitorizaron los parámetros VO_2, VCO_2 y Ve usando un analizador de gases portátil. Es necesario también disponer de una persona para colocar los conos y vallas que pudieran ser derribadas. Junto con la prueba de laboratorio y el test de dribbling, realizaron una prueba piloto consistente en un partido reducido 5 contra 5 con portero en un campo de 50 x 40 m realizando 2 series de 4 minutos a máxima intensidad separadas por 3 minutos de recuperación activa. La razón de de emplear series de 4 minutos es para garantizar al menos tres minutos de ejercicio de alta intensidad, como sucedía en la prueba de dribbling.

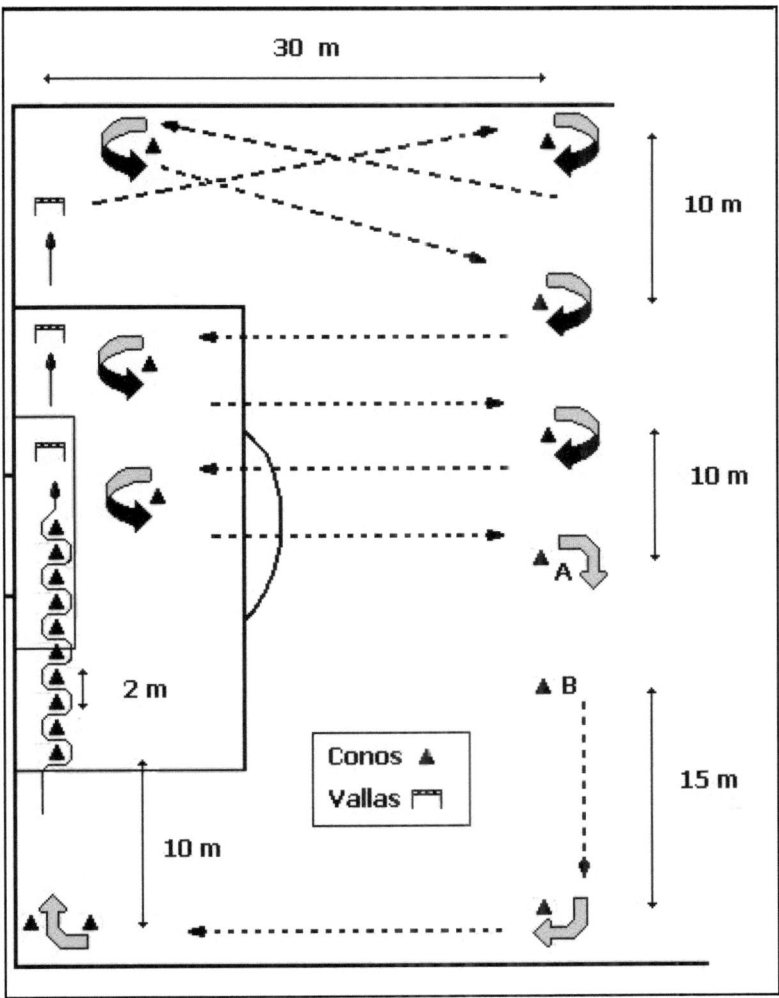

Figura 11. Esquema del circuito del test de Hoff (Hoff y col., 2002).

En cada partido reducido intervienen dos jugadores por equipo (que estén en un periodo de recuperación) como apoyo, uno en cada lateral del campo de ataque, para disminuir el número de balones que salgan del campo. Los resultados en ambas pruebas se muestran en la tabla 22.

Variable	Prueba máxima de laboratorio	Circuito de Dribbling	Partido reducido
FC máx (pul•min^{-1})	198.3±7.9	185.5±6.7	181.0±4.4
VO$_{2máx}$ (l•min^{-1})	5.22±0.68	4.74±0.53	4.42±0.61
VO$_{2máx}$ (ml•kg^{-1}•min^{-1})	67.8±7.6	62.2±5.0	57.3±3.9
U$_{AN}$ (ml•Kg^{-1}•min^{-1})	50.9±4.0	--	--
U$_{AN}$ (pul•min^{-1})	178.3±8.8	--	--
R (VCO$_2$/VO$_2$$^{-1}$)	1.16±0.07	0.99±0.07	0.94±0.07
Ve máx (l•min^{-1})	174.6±20.7	138.7±21.3	132.0±15.3
Fr resp. máx (resp.•min^{-1})	55.8±6.4	49.6±2.8	48.8±7.2

Tabla 22. Comparación de las variables respiratorias en la prueba máxima de laboratorio, en el circuito de dribbling y en el partido reducido. Datos presentados como media. *Diferencia significativa con el valor obtenido en el circuito de dribbling P<0.05. Todos los valores del circuito y partido reducido presentan una diferencia significativa en relación a la prueba máxima de laboratorio. Datos presentados como media (Hoff y col., 2002).

Además de diseñar un test específico, los autores demuestran que es posible cumplir los principios del interval training mediante un trabajo específico de fútbol, y de algún modo justifican el denominado *entrenamiento integrado*, sustentado en muchos casos más sobre principios empíricos que científicos. También señalan que para que este trabajo sea realmente efectivo, deberá haber muchos balones derepuesto para evitar pérdidas de tiempo cuando un balón sea enviado fuera del terreno de juego, y además, el entrenador debe realizar comentarios constructivos y animar a los jugadores para que mantengan el ritmo. Aun así, los jugadores con un mayor VO_2 en la prueba de laboratorio trabajaron a un porcentaje de FC menor en el partido reducido, por lo que aconsejan que éstos jugadores sustituyan este trabajo por el test de dribilng o la habitual carrera sin balón. En definitiva el estudio demuestra la efectividad de este tipo de trabajos específicos, en el desarrollo del VO_2, ya que la intensidad del esfuerzo en torno al 90 – 95% de la FC máxima es considerada como la más efectiva para desarrollar este parámetro (Helgerud y col., 2001). Así pues, este tipo de trabajos (partidos reducidos y test de dribbling) cumplen el mismo objetivo que el entrenamiento clásico basado en la carrera, y son un medio efectivo y más motivante para el jugador al desarrollarse con balón.

Partiendo de este circuito diez jugadores profesionales realizaron un protocolo máximo provistos de un analizador de gases portátil obteniendo unos valores máximos similares a los obtenidos en el laboratorio en una prueba clásica (progresiva y máxima) sobre tapiz rodante (Kemi y col.,

2003). Se les orientó para alcanzar tras dos minutos de prueba una frecuencia cardiaca en torno al 95% de la FC_{max} obtenida previamente en la prueba de laboratorio. Esta FC fue mantenida durante tres minutos para finalmente incrementar el ritmo hasta llegar al agotamiento tras un periodo de tiempo de seis a ocho minutos. Los valores máximos de VO_2 y FC fueron de 65.6±7.1 y 65.7±5.1 ml·kg^{-1}·min^{-1} y 197±8 y 195±7 pul·min^{-1} para la prueba de laboratorio y test de dribbling respectivamente

Existe una prueba estandarizada que se basa en el citado circuito (Chamari y col., 2005). En esta prueba comparan el rendimiento en un circuito similar al ideado por Hoff (Hoff y col., 2002) con una prueba de laboratorio, y los cambios producidos en ambas pruebas tras ocho semanas de entrenamiento en 18 futbolistas jóvenes sub-
15. Para ello, y con el fin de estandarizar el circuito descrito por Hoff, como medio de entrenamiento, realizaron una modificación de las distancias en dicha prueba de forma que se completasen 290 metros por vuelta (figura 12).

El objetivo era recorrer la máxima distancia posible durante 10 minutos de prueba. Los jugadores fueron avisados en el minuto 5 y en el minuto 9 sobre el tiempo transcurrido.

La prueba era realizada a la vez por 5 jugadores, que salían de minuto en minuto, y fue realizada entre 3 y 7 días después de la prueba de laboratorio. Efectuaron dos evaluaciones separadas por 8 semanas de entrenamiento. Se observó una correlación significativa entre el $VO_{2máx}$ obtenido en la prueba de laboratorio y el rendimiento (distancia total recorrida) en el circuito de dribbling en 10 minutos.

Durante esas ocho semanas, además del entrenamiento habitual de los futbolistas, la cualidad aeróbica se trabajó con dos sesiones semanales, los martes y jueves. Cada martes efectuaban 4 series de 4 minutos en el circuito de Hoff a una intensidad del 90-95% de la FC máxima, para ello cada jugador iba provisto de un pulsómetro polar S-610. El periodo de recuperación entre cada serie fue de 3 minutos donde la intensidad era menor (60-70% de la FC máxima). Los jueves efectuaron 4 series de 4 minutos (intercalando tres minutos de recuperación activa donde realizaban pases y malabares con el balón) de juego reducido en un cuadrado de 20 metros de lado, jugando 4 contra 4. Las reglas iban cambiando cada semana, limitando el número de pases, tipo de marcaje, etc. También se pretendía que durante esos 4 minutos los jugadores alcanzasen una FC en torno al 90-95% de la máxima.

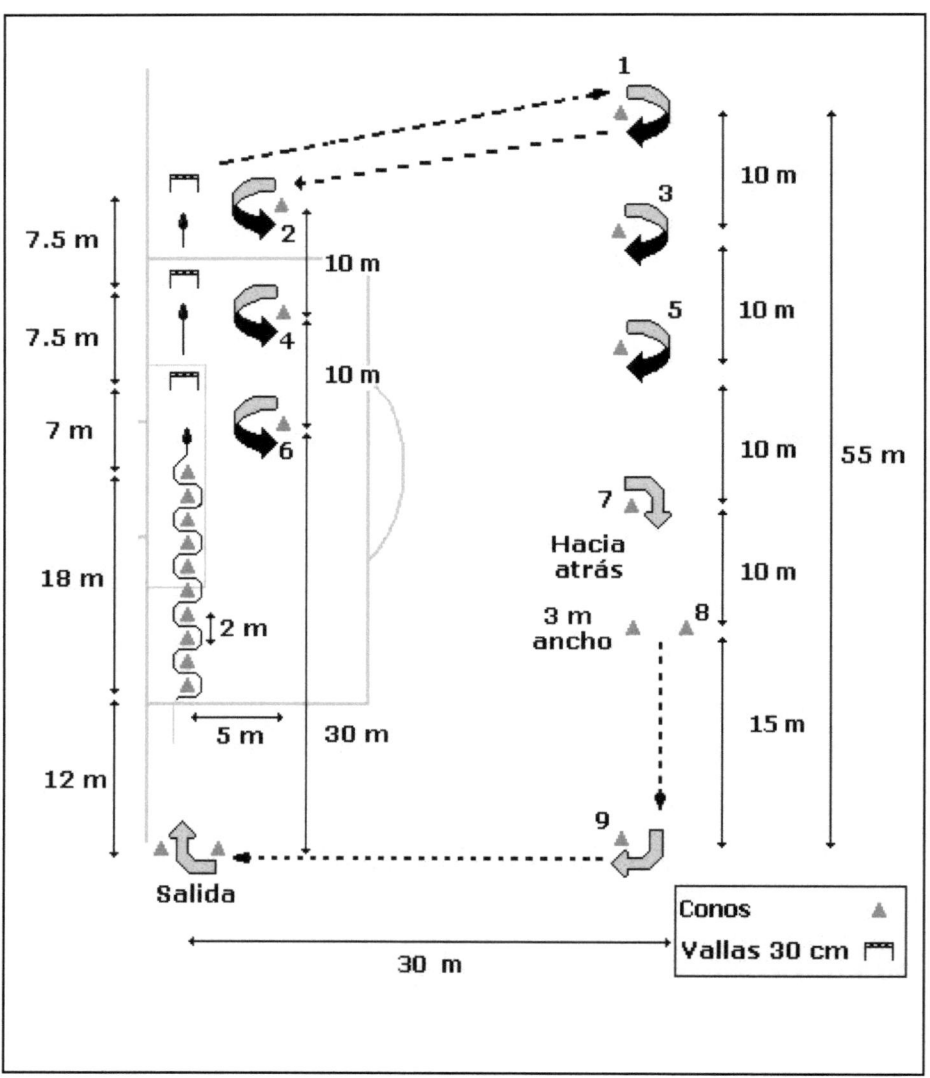

Figura 12. Modificación del circuito de Hoff y col. (2002). Se trata de completar la máxima distancia en 10 minutos conduciendo el balón. (Chamari y col., 2005).

Tras las 8 semanas de entrenamiento (tabla 23) se observó una mejoría tanto en el VO$_{2máx}$ obtenido en el laboratorio como en el rendimiento en el recorrido de dribbling, con un incremento del 9.6% en la distancia total recorrida.

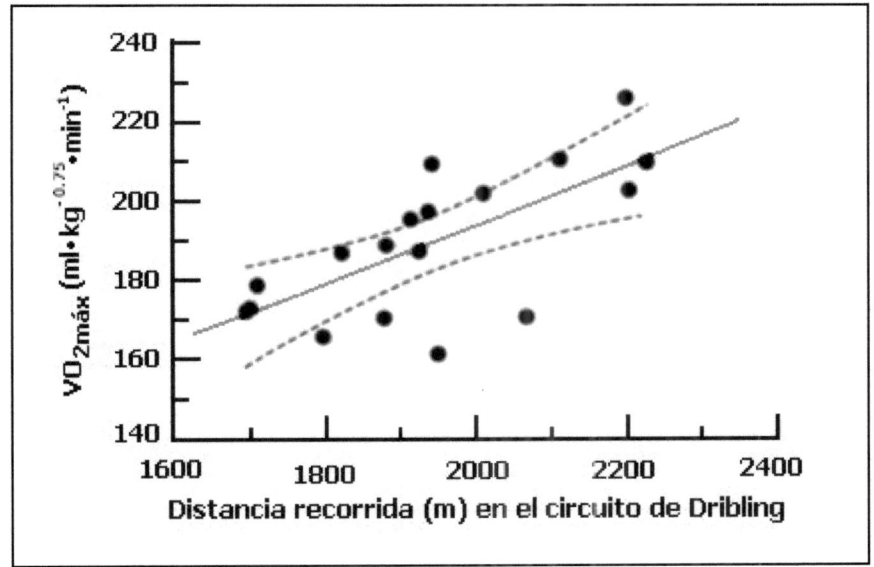

Gráfico 2. Relación entre el Vo2max en una prueba de laboratorio y la distancia recorrida en la prueba de Hoff modificada. Se presentan los resultados obtenidos en el post-test, aunque se observó una relación similar en el pre-test. La línea continua representa la regresión lineal y las líneas discontinuas el intervalo de confianza, 95%. R = 0.68; p<0.01. (Chamari, y col., 2005).

El objetivo planteado por los autores para jugadores sub-15 sería alcanzar al menos 2100 m en la prueba. Se observa que aquellos que superan esa distancia tienen un $VO_{2máx}$ superior a 200 $ml \cdot kg^{-0.75} \cdot min^{-1}$. En definitiva se vuelve a demostrar que se puede mejorar la cualidad aeróbica recurriendo a circuitos técnicos y/o partidos reducidos.

En un estudio similar (McMillan y col., 2005) llegan a la misma conclusión que el grupo de Chamari al estudiar la evolución del $VO_{2máx}$ tras 10 semanas de entrenamiento en 16 futbolistas profesionales sub-17.

Variable	Resultados Pre-Test	Resultados Post-test
Masa Corporal (kg)	60.5±5.2	63.6±5.7*
Grasa corporal (%)	11.6±3.4	11.0±3.2
$FC_{máx}$ ($pul \cdot min^{-1}$)	198±7	197±7
$VO_{2máx}$ ($l \cdot min^{-1}$)	3.49±0.4	4.00±0.5*
$VO_{2máx}$ ($ml \cdot Kg^{-1} \cdot min^{-1}$)	65.3±5.0	70.7±4.3
$VO_{2máx}$ ($ml \cdot Kg^{-0.75} \cdot min^{-1}$)	176±18	194±16
U_{AN} ($\%VO_{2máx}$)	87.8±4.3	88.2±4.9
V al $VO_{2máx}$ ($km \cdot h^{-1}$)	13.8±1.2	14.6±1.4
$V_{máx}$ ($km \cdot h^{-1}$)	15.3±1.4	15.8±1.1
Distancia test de Hoff (m)	1771±137	1942±154*

Tabla 23. Resultados obtenidos en la prueba de laboratorio antes y después de 8 semanas de entrenamiento. masa magra del peso corporal. Los datos representan la media. * Diferencia significativa en relación al pre-test, P<0.01 (Chamari y col., 2005).

El entrenamiento aeróbico consistió en 2 sesiones semanales en el circuito de Hoff. En cada sesión se efectuaron 3 series de 4 minutos al 90-95% de la FC máxima separadas por 3 minutos a una intensidad menor (60-70% de la FC máxima). El $VO_{2máx}$ medio mejoró significativamente de 63.4±5.6 a 69.8±6.6 ml·kg^{-1}·min^{-1} (183.3±13.2 a 201.5±16.2 ml·$kg^{-0.75}$·min^{-1} - p<0.001).

Además la mejoría de la cualidad aeróbica no perjudico las cualidades de fuerza explosiva puesto que la altura en el Squat jump and counter movement jump aumento significativamente de 37.7±6.2 a 40.3±6.1 cm y 52.0±4.0 a 53.4±4.2 cm, respectivamente (p<0.05). No se observaron cambios significativos en la masa corporal, economía de carrera, coeficiente de fuerza desarrollada o tiempo de sprint sobre 10 m (1.96±0.07 y 1.96±0.06 s).

3.2.4. Consideraciones finales sobre las pruebas para la valoración de la resistencia aeróbica

Las pruebas para la valoración de la cualidad aeróbica, tanto las generales como aquellas que introducen patrones más específicos del fútbol, han estado presentes en múltiples trabajos de investigación en los últimos años. En nuestros entrenamientos su aplicación práctica, estará condicionada por los medios disponibles y las posibilidades materiales de que dispongamos. Para la realización del test de Cooper solo será necesario un cronómetro y un terreno en el que se conozca la distancia de cada vuelta, aunque con esta prueba recogeremos menos información que con la mayoría de pruebas desarrolladas posteriormente. Para la course navette, test de Conconi, Test de Probst y tests Yo-Yo será necesario disponer de un mecanismo para reproducir los sonidos (básicamente programa informático o cinta magnetofónica), y además, es imprescindible (Probst y Conconi) y muy aconsejable en los demás, registrar la FC durante toda la prueba para su posterior análisis. En este sentido, independientemente de la obtención de parámetros como FC y velocidades de deflexión, la curva FC-periodo (o velocidad) y FC máxima serán elementos importantes de control dentro del proceso de entrenamiento. Cuando representamos con este tipo de gráficas, varios controles de un mismo jugador a lo largo de la temporada, un desplazamiento de dicha curva a la derecha será indicativo del desarrollo de la cualidad aeróbica, es decir, trabajamos con una menor FC a una intensidad (periodo, velocidad) dada. La elección de una u otra prueba dependerá, además de los medios materiales, de las preferencias y objetivos de cada cuerpo técnico, del nivel del equipo, e incluso del momento de la temporada. En este sentido es común administar pruebas generales en pretemporada (test de Cooper, course navette, Conconi) que además son una herramienta muy útil para establecer la carga del entrenamiento aeróbico, e incluso para la individualización del mismo, y pruebas más específicas durante la temporada (Probst, test Yo-Yo, test de Hoff, etc.) con el fin de conocer y controlar la adaptación de los jugadores a la resistencia específica y al ejercicio intermitente de alta intensidad. Estas pruebas generalmente resultan más motivantes para los jugadores, puesto que el patrón de ejercicio les es mucho más familiar, con el desarrollado durante la competición.

3.3. Valoración de la cualidad anaeróbica

Como se ha comentado en la introducción la evaluación de la cualidad anaeróbica resulta más compleja que la aeróbica puesto que en muchos casos es necesario recurrir a métodos cruentos (biopsias, extracciones de sangre, etc.). En el organismo existen dos vías para la obtención de energía de forma anaeróbica. En primer lugar, la vía anaeróbica aláctica, permite obtener energía de forma inmediata, gracias a la hidrólisis del ATP y fosfocreatina (PC) en el hialoplasma de las células. Esta vía nos permite obtener gran cantidad de energía (débito 2 a 3 veces superior al obtenido en los procesos aeróbicos), pero como la cantidad de fosfágenos intracelulares (ATP y PC) es muy pequeña solamente se podrá obtener energía durante unos pocos segundos (4 a 8). En segundo lugar la vía anaeróbica láctica permite la obtención rápida de energía (resíntesis de ATP) gracias a la fosforilación de la glucosa (glucólisis anaeróbica). Esta vía tiene especial importancia en dos situaciones. Cuando la provisión de oxígeno es inadecuada o las demandas energéticas superan la capacidad de resíntesis aeróbica de ATP. En el primer caso, cuando la provisión de oxígeno es inadecuada y los procesos aeróbicos no están a pleno rendimiento, estaríamos hablando de un ejercicio de elevada intensidad que se prolonga en el tiempo, especialmente en esfuerzos máximos y submáximos de duración entre 45 y 90 segundos. En el segundo, cuando se supera la capacidad de resíntesis aeróbica de ATP, la glucólisis anaeróbica aporta parte de la energía necesaria (se sobrepasa el umbral anaeróbico, generalmente en un ejercicio continuo y progresivo). La obtención de energía mediante la vía anaeróbica láctica no es ilimitada, y tiene como consecuencia el incremento del ácido láctico en sangre, bajando el Ph. Este factor junto con otros procesos limitará la obtención de energía a un ritmo tan elevado.

Así pues, de forma anaeróbica es posible obtener gran cantidad de energía, pero, sin embargo, no es posible mantener dicho débito de producción durante mucho tiempo.

Si tenemos en cuenta la naturaleza intermitente del fútbol, con continuas pausas que se intercalan entre las fases de ejercicio (de diferentes intensidades) es fácil deducir la importancia de la vía anaeróbica aláctica (acciones de máxima intensidad durante 4 a 8 segundos). Esta cualidad se ha venido evaluando mediante acciones máximas de corta duración (spritns, acciones de salto vertical y horizontal, sprints en tapices no motorizados y cicloergómetros, etc.) y en muchos casos estas pruebas son complementadas con biopsias musculares para determinar concentraciones de ATP y PC, antes y después de la acción, y mas recientemente con espectroscopia por resonancia magnética. La evaluación de esta vía no la trataremos en el presente libro ya que la consideramos más cercana al ámbito de la fuerza explosiva y velocidad que al de la resistencia. De todas formas, debemos señalar que esta vía también es importante cuando nos referimos a acciones máximas, por ejemplo spritns que se suceden en el tiempo. En este sentido parece de vital importancia que el futbolista ha de desarrollar la capacidad para realizar una acción corta de máxima intensidad y repetirla a lo largo del tiempo (resistencia a la velocidad). De poco sirve que un futbolista sea muy rápido si no es capaz de mantener dicha rapidez cuando las acciones se repiten en el tiempo, y además, entre dichas acciones máximas deben realizar otras acciones de intensidad submáxima, moderada, etc. En el apartado (4.4.2.) se estudiará la importancia de la vía anaeróbica alactica en el ejercicio máximo efectuado de forma repetida y se analizarán algunas de las pruebas más utilizadas en el fútbol.

Como se ha comentado, los dos casos en los que la contribución de la vía anaeróbica láctica es preponderante están más ligados al ejercicio continuo, que al intermitente característico del fútbol. En el primer caso, hablaríamos de acciones submáximas de entre 30 y 90 segundos, y en el segundo, cuando se sobrepasa el denominado umbral anaeróbico. Por trasladarlo a otras modalidades deportivas esta vía sería fundamental en pruebas atléticas como los 400 metros en los que se mantiene una intensidad submáxima durante 45 - 50 segundos, y en el segundo caso, hablaríamos de la parte final de una prueba de resistencia, por ejemplo un maratón. En el fútbol no es frecuente que las acciones de elevada intensidad se sucedan durante mucho tiempo ya que existen pausas muy frecuentes, acciones de baja intensidad, cuando la acción de juego está lejos de la posición determinada de un jugador, incluso un jugador experimentado evitará realizar muchas acciones intensas de forma repetida. Existen múltiples estudios en los que se ha determinado la concentración de lactato sanguíneo en futbolistas durante el juego y los valores en ningún caso parecen limitantes, y son bastante inferiores a los obtenidos en modalidades donde esta vía es fundamental, como por ejemplo los 400 metros lisos citados con anterioridad. Posiblemente por este motivo y unido a la mayor dificultad a la hora de evaluar el metabolismo anaeróbico láctico, las propuestas de valoración son más escasas y los tests en muchos casos no van acompañados de estudios de validez y fiabilidad. A pesar de estas circunstancias queremos ofrecer algunas pruebas que pueden servir para la valoración del metabolismo anaeróbico láctico.

3.3.1. Pruebas para estimar la resistencia anaeróbica

En este apartado mostraremos diversas pruebas que nos permiten estimar la cualidad anaeróbica. Del mismo modo que de forma indirecta es posible estimar el consumo de oxígeno a partir del resultado en una prueba de campo (test de Léger y Boucher, course navette, etc.), en este caso, también es posible estimar la potencia y/o capacidad anaeróbica a partir del resultado en una prueba de campo. Generalmente se ejecutan a la máxima intensidad y se trata de efectuar un recorrido en el menor tiempo posible, obtener la máxima potencia durante un tiempo de actividad en cicloergómetro, tapiz rodante, e incluso mediante saltos repetidos sobre una plataforma. En ocasiones, aunque no siempre, estos test son validados en estudios que establecen una relación entre el resultado en la prueba y algún indicador interno como la concentración de ATP y PC, concentraciones de lactato muscular y sanguíneo, porcentaje de fibras rápidas, etc. En definitiva desde un punto de vista práctico nos permiten obtener información sobre el grado de desarrollo de la cualidad anaeróbica a partir del resultado en una prueba de fácil aplicación. A continuación analizaremos algunas de las pruebas que pueden ser más interesantes en la valoración funcional del futbolista.

3.3.1.1. Test de Wingate

Esta prueba fue desarrollada durante la década de los setenta en el Instituto Wingate de Educación Física y Deportes de Israel. Posiblemente sea el test anaeróbico más popular. Para su desarrollo es necesario disponer de un cicloergómetro (generalmente de la marca Monark, aunque hoy en día hay muchas marcas estandarizadas para llevar a cabo esta prueba). En el caso del fútbol este test tiene el inconveniente de utilizar el pedaleo, patrón inespecífico para los futbolistas por lo que en muchos casos se recurre a otro tipo de pruebas que aunque no estén tan estandarizadas, son más específicas para los futbolistas. En el cicloergómetro se elegirá una carga en función de las características del sujeto que realiza la prueba. Inicialmente la carga sugerida para esta prueba fue de 0.075 kg por kg de masa corporal, aunque estudios posteriores aconsejan una carga entre un 20 y un 30% superior a la original en sujetos entrenados, sugiriendo
0.100 kg por kg de masa corporal (Inbar y col., 1996). El sujeto

(que deberá haber realizado un buen calentamiento previo) deberá entonces pedalear lo más rápido posible durante 30 segundos (versión más extendida, aunque se han realizado variantes de menor y mayor duración). A partir de esta prueba se pueden obtener los siguientes parámetros:

Potencia máxima: O pico de potencia ($P_{máx}$), mayor valor de potencia observado en el test. Los individuos rápidos y potentes alcanzarán una potencia máxima mas elevada y ésta será lograda en un menor tiempo, generalmente antes de 5 segundos.

Potencia media: Promedio de la potencia desarrollada durante los 30 segundos.

Índice de Fatiga: Indica el porcentaje de caída de la potencia durante el test.

$$IF\ (\%) = (P_{máx} - P_{min})/(P_{máx}-100)$$

Cuadro 6. Ecuación para predecir el índice de fatiga en el test de Wingate. $P_{máx}$=Potencia máxima, P_{min}=Potencia mínima.

Diversos estudios han utilizado este test para valorar la

cualidad anaeróbica en futbolistas (Al-Hazzaa y col., 2001; Siegler y col., 2003). La potencia máxima en 23 jugadores pertenecientes a la selección de Arabia Saudita de fútbol fue de 836.6±141.8 W mientras que la potencia media fue de 587.7±55.4 W (Al-Hazzaa y col., 2001). Siegler y col. (2003) no observaron una mejoría en esta prueba tras 10 semanas de entrenamiento en jugadoras de fútbol postpuberales. Por el contrario en otras cualidades como la capacidad de aceleración sobre 20 metros o el salto vertical si observaron una mejoría significativa. No se puede asegurar si la cualidad anaeróbica láctica no mejoró tras el entrenamiento o que debido a la inespecificidad de esta prueba que utiliza el pedaleo, no se pudieron detectar las posibles mejorías en esta cualidad. Para ello habría que evaluar antes y después de un periodo de entrenamiento la evolución de la cualidad anaeróbica láctica con el test de Wingate y otro test de duración en torno a los 30 segundos pero basado en la carrera, como los citados en el apartado 3.3.1.4.

3.3.1.2. Test anaeróbico en tapiz de Cunningham y Faulkner

Este test tiene una duración aproximada de un minuto y consiste en correr el máximo tiempo posible, hasta el agotamiento, en un tapiz rodante a una velocidad de 12.8 km·h^{-1} y una pendiente del 20%. Green (1992) nos ofrece un tiempo medio de 66.2±10.7 segundos en futbolistas australianos de elite y 54.4±8.8 segundos para un equipo amateur. Balsom (1988) 60 segundos en un equipo estadounidense de segunda división. Un tiempo de 92 segundos es registrado para el equipo olímpico de fútbol canadiense (Rhodes y col., 1986).

3.3.1.3. Pruebas de saltos repetidos (repeat jump)

En esta prueba se estima la potencia anaeróbica láctica durante la realización de una serie continuada de saltos efectuados a la máxima intensidad. Desde una posición erguida con las manos en la cintura, se efectúan saltos verticales sucesivos durante 30 e incluso 60 segundos. Con la versión más extendida de 15 segundos, estimaríamos la resistencia anaeróbica aláctica (Bosco, 1991). Bosco recopila datos de diversos autores con valores medios para futbolistas profesionales entre 26 y 27 $W \cdot kg^{-1}$ en la versión de 15 segundos y entre 21 y 23 $W \cdot kg^{-1}$ en la de 60 segundos. El deportista trata de efectuar el máximo número de saltos con una máxima intensidad en cada salto. La potencia anaeróbica aláctica se expresa en $W \cdot kg^{-1}$, y vendrá determinada por el número de saltos, el tiempo de contacto, el de vuelo y la duración total de la prueba. Para calcular la potencia mecánica en estas dos pruebas se propone la formula:

$$P\ (W \cdot kg^{-1}) = (g^2 \cdot Tv \cdot Tt)/(4 \cdot n \cdot (Tt-Tv)$$

Cuadro 7. Ecuación para estimar la potencia desarrollada en la prueba de saltos repetidos o repeat jump. P=Potencia, g=aceleración de la fuerza de la gravedad equivalente a 9.81 ms^{-2}, Tv=tiempo de vuelo en segundos Tt=tiempo total de duración del test en segundos. (Bosco, 1994).

García (2000) ofrece otra versión similar estableciendo un protocolo con un número fijo de saltos (30 saltos). Se obtiene la altura media de los 30 saltos y el valor medio de cada intervalo de 5 saltos. La altura media para futbolistas profesionales, semiprofesionales y amateurs fue de 30.2±0.7, 31.5±0.6 y 31.4±0.9 cm respectivamente, por lo que la prueba no discriminó entre el nivel de los jugadores (García, 2000).

3.3.1.4. Pruebas de ida y vuelta

Existen varias modalidades de este tipo de pruebas de ida y vuelta sobre distintas distancias. Todas ellas tienen en común los giros de 180 grados que el deportista debe efectuar sobre las líneas marcadas a tal efecto. En la mayoría de estas pruebas solo disponemos del tiempo de ejecución de la misma como único parámetro de medida. Para todas ellas es necesario tener muy en cuenta el tipo de pavimento, las condiciones de adherencia y asegurar repetirlas en idénticas condiciones en sucesivas evaluaciones. A continuación describimos alguna de ellas.

Prueba 10x5 metros (Batería Eurofit). Se trata de recorrer en el menor tiempo posible 10 trayectos (cinco ida y cinco vuelta) entre dos líneas a cinco metros de distancia. La consigna es que el deportista ha de cruzar la línea con ambos pies antes de girar. Utilizando este test hemos obtenido un tiempo medio de 17.66 s y valores mínimos ce 16.87 s en un equipo de fútbol amateur (Yagüe y Yagüe, 1997). No hemos encontrado otros trabajos que utilicen este test con futbolistas.

Test de 300 metros. Esta prueba citada por Sevillano y col. (2002) y utilizada en el club Ajax de Ámsterdam puede considerarse como un test de resistencia anaeróbica. El tiempo de prueba oscila en torno a los 60 segundos. Para la elaboración del circuito son necesarias 6 balizas o picas de 1.70 m de altura (figura 13) que se colocan en línea recta a 10 metros de distancia ente cada una de ellas. El deportista sale detrás del cono uno completando el recorrido 1-2-1-3-1-4-1-5-1-6.

Los autores mencionados observaron un mejor resultado en esta prueba especialmente en la transición de cadete a juvenil y desde ésta categoría a la senior. Además a diferencia de lo que ocurrió en el test de Wingate los resultados en esta prueba fueron mejores (con diferencias estadísticamente significativas) tras un entrenamiento de pretemporada de ocho semanas. El tiempo medio en las distintas categorías en temporada fue de 64.50±0.59 s para cadetes, 62.6±0.41 s para juveniles, 61.40±0.51 s para el equipo filial de tercera división y 60.74±0.38 s para el equipo de segunda división B (Sevillano y col., 2002).

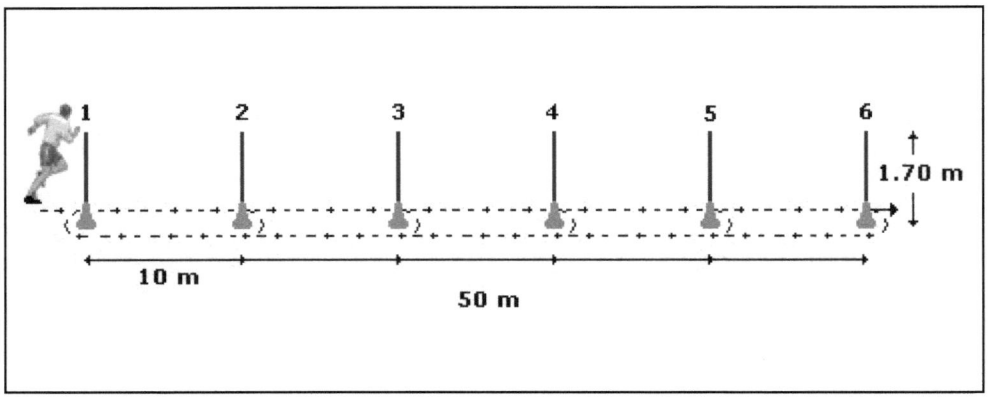

Figura 13. Circuito para el test de los 300 metros.

Test de los 504 metros. Esta prueba es citada por Soria (2001). La ejecución es idéntica a la de la prueba anterior cambiando únicamente el diseño del circuito. En este caso se añade uno cono más y la distancia entre conos es de 12 metros en lugar de 10. Los valores medios en valoraciones efectuadas a futbolistas amateurs presentaron un rango muy amplio en los resultados situándose entre 100 y 140 segundos. Estos datos pueden ser de utilidad dentro del proceso de entrenamiento aunque en general parece necesario plantear nuevas investigaciones para estandarizar estos tests en futbolistas y analizar la fiabilidad y validez de una manera más científica. Por otro lado, posiblemente al ser este tipo de esfuerzo submáximo poco específico para los futbolistas las investigaciones se centren en desarrollar y analizar pruebas más específicas como las de sprints repetidos que analizaremos a continuación.

Prueba en Navette de Cooper y col. (2004). Multistage shuttle run test (MSRT). Los autores estudiaron la validez y fiabilidad de una prueba con trayectos de ida y vuelta sobre 15 metros en jugadoras de juegos deportivos colectivos. La velocidad y sus incrementos fue elegida para que el tiempo máximo de la prueba no excediera de 90 segundos. La velocidad inicial fue de 4.72 $m \cdot s^{-1}$ (17 $km \cdot h^{-1}$) con incrementos de 4.72 $m \cdot s^{-1}$ (1 $km \cdot h^{-1}$) cada 30 segundos. El trabajo constó de tres fases. Primeramente estudiaron la fiabilidad del test aplicándolo dos veces en menos de 7 días. A continuación desarrollaron paralelamente el test de Wingate y el MSRT obteniendo una correlación significativa especialmente entre la potencia media desarrollada referida al peso corporal ($W \cdot kg^{-0.67}$) y el tiempo de agotamiento (s) en la prueba (r=0.71 p=0.0005). Finalmente volvieron a aplicar ambas pruebas estimando a partir del tiempo de prueba la potencia media en el test de Wingate, tras lo cual aplicaron nuevamente el test de Wingate para comprobar la efectividad de la estimación. Los resultados obtenidos en este trabajo se muestran en la tabla 24. Éstos son satisfactorios aunque en el caso de aplicar esta prueba en futbolistas (especialmente si son de elite y de categoría masculina) habría que redefinir el protocolo partiendo de una velocidad inicial más alta con el fin de que el tiempo máximo no supere los 90 segundos.

Variable	Fase 1 (n=20) Test - Retest	Fase 2 (n=36)	Fase 3 (n=36)
MSRT (Recorridos)	18±3 - 18±3	17±3	--
MSRT (m)	266±45 - 263±46	254±44	--
MSRT (s)	70.5±11.4 – 69.5±11.5	70.9±10.8	70.7±12.7
Wingate P_{med} (W)	--	438±66	--
Wingate P_{med} (W·kg$^{-0.67}$)	--	27.3±3	27.0±3.6
Wingate P_{med} Est. (W·kg$^{-0.67}$)	--	--	26.6±2.5

Tabla 24. Resultados en el test de ida y vuelta sobre 15 metros en cada una de las fases del mismo en jugadoras de deportes de equipo (Cooper y col., 2004).

3.3.1.5. Pruebas de sprints repetidos

En los últimos tiempos se han desarrollado diversas pruebas de sprints repetidos aplicadas a la valoración funcional del fútbol debido a su alta especificidad. La propia naturaleza intermitente del fútbol con acciones máximas cíclicas y acíclicas que se suceden a lo largo de los 90 minutos, hace pensar en la importancia de evaluar este componente, conocido también como resistencia a la velocidad. La respuesta fisiológica al ejercicio intermitente se ha venido estudiando desde hace más de 40 años (Christensen y col 1960; Christensen y col 1960b). Posteriormente se han analizado mediante biopsias musculares los procesos metabólicos, y la respuesta del organismo cuando se repiten acciones máximas en cicloergómetro (Gaitanos y col., 1993) y tapiz rodante no motorizado (Hamilton y col., 1991). En el trabajo mencionado (Gaitanos y col., 1993) tras 10 acciones máximas en cicloergómetro de 6 segundos de duración con 30 segundos de recuperación entre cada acción máxima, se observó un cambio en la contribución energética para el primer y décimo sprint. Mientras que para el primero la contribución energética fue estimada en 6%, 44% y 50% para el ATP, PC y glucolisis anaeróbica, en el último se estimó en un 4%, 80% y 16% respecitvamente. Se observó una caída significativa de la contribución de la glucolisis anaeróbica en el décimo sprint que se supliría por la degradación de la PC (ésta se resintetizaría en los periodos de recuperación) (Sahlin y Ren, 1989), junto con una mayor participación del metabolismo aeróbico. En este sentido durante los periodos de recuperación el metabolismo aeróbico seguiría trabajando y facilitaría un abastecimiento de oxígeno lo que permitiría que la mioglobina se saturase de éste, de forma que en la fase inicial de cada periodo de trabajo siguiente, podría ceder el oxígeno facilitando la producción de energía aeróbica (Astrand y Rodahl, 1986). Esta circunstancia también fue observada por Christensen y col. (1960) al estudiar el ejercicio intermitente observando una participación muy importante de la vía aeróbica con valores máximos de consumo de oxígeno y ventilación pulmonar con una relación trabajo-pausa de 10 y 5 segundos respectivamente. Como en el caso anterior a medida que las acciones máximas se repiten en el tiempo la contribución de la glucolisis anaeróbica fue menor como indican los discretos valores de lactato sanguíneo (44 mg·100 ml^{-1}).

Junto con estos trabajos que analizan los mecanismos fisiológicos del ejercicio intermitente, en los últimos años han aparecido propuestas para evaluar este componente en futbolistas (Balsom, 1990; Bangsbo, 1994b; Wraag y col., 2000; Psotta y col., 2005). En general todos los test tienen un desarrollo similar en el que se toma el tiempo o velocidad de una serie de acciones cortas de sprint (en línea recta o con cambios de dirección), entre 7 y 20 acciones, con un periodo de recuperación   entre cada una de ellas. A partir de estos parámetros cada autor propone diversas variables e índices.

3.3.1.5.1. Test de Balsom

Balsom (1990) propone un test que analiza la capacidad de los futbolistas para efectuar sprints repetidos. Consiste en recorrer un circuito de 30 metros (triángulo equilátero con 10 m de lado) con cambios de dirección (figura 14) a la máxima velocidad.

Tras cada sprint disponen de 42 segundos de recuperación activa que se hará corriendo por el perímetro de área de penalty. Cada jugador tiene que repetir 20 veces el circuito. A partir de los 20 tiempos, se obtiene la media de los tres mejores tiempos *MF3* (sería una medida de la velocidad máxima) y se resta dicha media a cada uno de los 20 tiempos, sumando las fracciones obtenidas. Cuanto menor sea dicho tiempo menor será el deterioro de la capacidad de aceleración tras efectuar sprints repetidos. En 14 jugadores aficionados (Balsom, 1993) obtiene una media de los tres mejores tiempos de 6.04±0.30 s rango de (5.53 – 6.82 s) y un resultado en segundos (sumatorio de los tiempos obtenidos al restar de cada tiempo MF3) de 6.05±3.93 s rango (2.05 – 16.35 s). No se observó una relación significativa entre la capacidad de aceleración (tiempo de los 3 mejores sprints) y el índice de fatiga (sumatorio de la diferencia de cada sprint con MF3), por lo que se constituyen como cualidades distintas que deberían ser entrenadas de manera independiente (Balsom, 1993). En 1999 (Ekblom, 1999) modifica el análisis de los resultados, con respecto al test original.

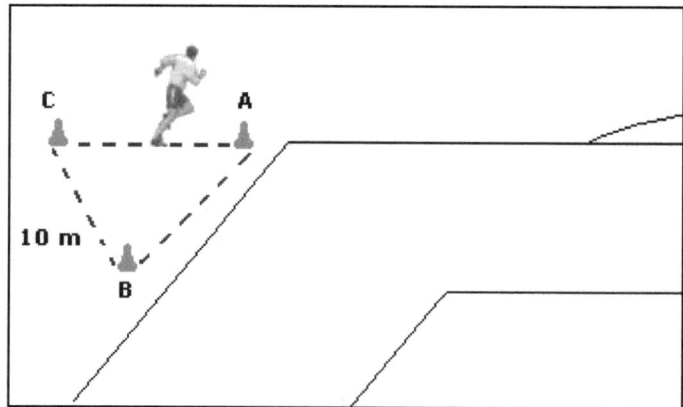

Figura 14. Circuito para el test de sprints repetidos de Balsom.

Habla de tres componentes del rendimiento que pueden ser calculados: 1) El sprint más rápido; 2) la suma de los 20 tiempos de sprint y 3) el índice de fatiga (diferencia entre la media de los dos primeros tiempos de sprint y los dos últimos.

3.3.1.5.2. Test de sprint de Bangsbo

Bangsbo (1994b) propone una prueba similar a la anterior en la que se deben realizar siete sprints que incluyen carrera en línea recta y dos cambios de dirección completando un total de 34 metros, según el trazado de la figura 14. A cada sprint (A-B) le sucede un período de recuperación activa de 25 segundos (B-C). La prueba completa supone siete sprints y seis carreras de recuperación. Los tiempos de los siete sprints para cada jugador pueden dividirse en tres resultados diferentes: El mejor tiempo (indicador de velocidad); el tiempo medio, promedio de los siete sprints (indicador de cantidad de trabajo) y la diferencia entre el peor y el mejor tiempo (indicador de descenso del rendimiento). La tabla 25 muestra los resultados obtenidos por 11 futbolistas profesionales daneses en esta prueba.

Peores resultados a los indicados en la tabla 25 se observan en jugadores españoles de fútbol sala (12 jugadores de la máxima categoría). Tiempo más rápido 7.07±0.20 s, tiempo medio 7.29±0.18 s e índice de fatiga 0.43±0.23 s (Barbero y Barbero, 2003).

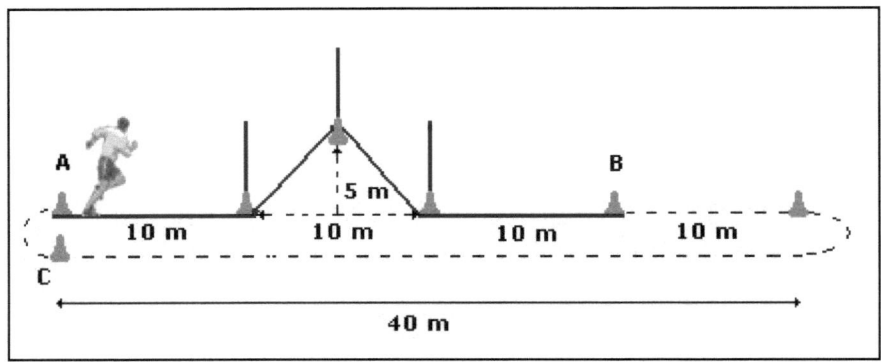

Figura 14. Circuito de 34 m para el test de sprints repetidos de Bangsbo. Para los cambios de dirección colocar picas de al menos 160 cm de altura.

Indicadores	Tiempo (s)	Rango (s)
Tiempo más rápido	6.80	6.53 – 7.01
Tiempo medio*	7.10	6.83 – 7.31
Índice de fatiga**	0.64	0.15 – 0.92

Tabla 25. Resultados en el test de sprints de Bangsbo de 11 jugadores profesionales daneses (Bangsbo 1994). *Media de los siete ensayos. Si un jugador se cae o tropieza durante un sprint, se omite el tiempo de ese sprint y en su lugar se coloca la media del tiempo del anterior y del siguiente. ** Diferencia entre el tiempo más lento y el más rápido.

3.3.1.5.3. Test intermitente de carrera anaeróbica (IanRT)

Esta prueba ha sido propuesta más recientemente (Psotta y col., 2005). Se trata de completar 10 sprints de 20 metros con trayectoria rectilínea. La prueba es precedida de un calentamiento de 10 minutos que incluye carrera, stretching y dos acciones submáximas de sprint sobre 20 metros separadas por 20 segundos de recuperación. Después del calentamiento, tras 3 minutos de recuperación, tienen lugar dos spritns máximos sobre 20 metros con 2 minutos de recuperación entre cada uno de ellos. Tras otros dos minutos de pausa comienza la prueba debiendo completar 10 sprints sobre 20 metros con 20 segundos de recuperación entre cada spritnt (el tiempo de recuperación comienza a contar tras la finalización de cada sprint). El test se realiza en un pasillo de 70 metros con dos células fotoeéctricas separadas 20 metros con 20 metros a cada lado para decelerar tras los sprints. Las líneas de salida están colocadas 30 cm detrás de cada célula fotoeléctrica y las mediciones se efectuan en ambos sentidos, por lo que después de cada sprint la salida tiene lugar en el punto de llegada anterior. Los autores comprobaron la validez y fiabilidad de este test con futbolistas cadetes de 14 años de edad.

Las variables de rendimiento fueron obtenidas a partir de los parámetros usados en el test de Wingate y en el protocolo máximo intermitente de Hamilton (Hamilton y col., 1991). La capacidad máxima de rendimiento en sprint fue obtenida a partir de la media de los dos primeros tiempos en el test. La capacidad de carrera anaróbica intermitente fue evaluada con dos parámetros; el tiempo total de carrera (suma de los 10 tiempos de sprint) y la velocidad media de los 10 sprints. La resistencia a la velocidad (capacidad para mantener el rendimiento máximo de sprint) fue evaluado con tres índices.

a) *Caída absoluta de la velocidad de carrera* ($AV = V_{1+2} - V_{9+10}$). Fue calculada como la diferencia entre la velocidad media de los dos primeros y de los dos últimos sprints.

b) *Índice de Fatiga %* ($IF = (AV \cdot V_{1+2}^{-1}) \cdot 100$). Este índice está relacionado con el anterior y representa el porcentaje de la caída del rendimiento de los dos primeros spritns con respecto a los dos últimos.

c) *Relación entre la velocidad media de sprint y la velocidad media de los dos primeros sprints, expresado como porcentaje.* $(Rv_mv_{1+2}=(V_m \cdot V^{-1}) \cdot 100)$. Esta variable fue análoga a la relación entre la potencia media desarrollada y el pico máximo de potencia definido en el Test de Wingate.

Durante el test fue registrada la frecuencia cardiaca a intervalos de 5 segundos y se efectuaron tomas de lactato sanguíneo a los 2, 4 y 6 minutos tras finalizar el mismo. La prueba fue repetida tras 24 horas de recuperación con el fin de estudiar la fiabilidad de la misma.

En cuanto a los resultados en jugadores de 14 años, se obtuvieron unos índices de validez y fiabilidad aceptables en la velocidad media durante los 10 sprints y en la velocidad de los dos primeros y dos últimos sprints (V_{1+2} y V_{9+10}). Se observó una buena correlación entre la velocidad media de los dos sprints sobre 20 m realizados con anterioridad a la prueba y la velocidad media de los dos primeros sprints ($r=0.86$ y 0.89 $P<0.01$ respectivamente) confirmando a esta variable como un buen indicador de la velocidad máxima. En la tabla 26 se muestran los resultados obtenidos en eltest y retest por 29 jugadores adolescentes.

Variables (unidades)	TEST Media±DS	RETEST Media±DS
V_s (m•s^{-1})	6.33±0.24	6.37±0.22
T_m (s)	3.37±0.12	3.36±0.12
V_m (m•s^{-1})	5.94±0.22	5.95±0.22
V_{1+2} (m•s^{-1})	6.04±0.20	6.11±0.23
V9+10 (m•s^{-1})	5.87±0.24	5.88±0.22
AV (m•s^{-1})	0.18±0.10	0.24±0.13
IF (%)	3.10±1.60	4.00±2.00
V_m•V1+2^{-1} (%)	98.00±1.10	97.50±1.50
[La$_{máx}$] (mmol•l^{-1})	9.91±1.60	9.52±2.05
[La$_2$] (mmol•l^{-1})	9.86±1.71	9.45±1.97
[La$_4$] (mmol•l^{-1})	8.75±1.53	8.22±1.58
[La$_6$] (mmol•l^{-1})	7.72±1.59	7.17±1.53
FC$_{máx}$ (pul•min^{-1})	181±7.50	179±6.80

Tabla 26. Resultados en el test de sprints repetidos (IAnRT) (Psotta y col., 2005) en 29 jugadores adolescentes. V_s = velocidad en los sprints de 20 m. previos a la prueba; T_m= Tiempo medio; V_m=Velocidad media; V_{1+2}=Velocidad media de los dos primeros spritns; V_{9+10}=Velocidad media de los dos últimos spritns; AV=Caída absoluta de la velocidad de carrera; IF=índice de fatiga; V_m•V$_{1+2}$$^{-1}$=Media relativa de la velocidad en los 10 spritns; [La$_{máx}$], [La$_2$], [La$_4$] [La$_6$] =Concentración de lactato máxima y a los 2,4 y 6 minutos; FC$_{máx=}$FC máxima al finalizar el décimo sprint.

4. Bibliografía

Al-Azzaa HM, Almuzaini KS, Al-Refaee SA, Sulaiman MA, Dafterdar MY, Al-gjamedi A, y col. Aerobic and anaerobic power characteristics of Saudi elite soccer players. J Sports Med Phys Fitness 2001;41:54-61.

Altmann, S., Ringhof, S., Neumann, R., Woll, A., & Rumpf, M. C. (2019). Validity and reliability of speed tests used in soccer: A systematic review. *PloS one*, *14*(8), e0220982. https://doi.org/10.1371/journal pone.0220982

Ardá T. Estudio de las capacidades condicionales de futbolistas juveniles. Revista de Entrenamiento Deportivo 1997;11(3):21-26.

Astrand PE, Rodahl K. Fisiología del trabajo físico. Buenos Aires: Médica Panamericana, 1986.

Atkins SJ. Performance of the Yo-Yo Intermittent Recovery Test by elite professional and semiprofessional rugby league players. J Strength Cond Res 2006;20:222-225.

Aziz AR, Tan FHY, Teh KC. A pilot study comparing two field tests with the treadmill run test in soccer players. Journal of sports science and medicine 2005;4:105-112.

Ballarin E, Sudhues U, Borsetto C, Casoni I, Grazzi G, Guglielmini C, Manfredini F, Mazzoni G, Conconi F. Reproducibility of the Conconi Test: Test repeatability and observer variations. Int J Sports Med 1996;17: 520-524.

Balsom PD. Physiological variables and performance decrementation for soccer players. Springfield College, Massachusetts: Graduate thesis, 1988.

Balsom PD. A field test to evaluate physical performance capacity of association football players. Sci Footbal 1990;3:9-11.

Balsom PD. Test de campo para evaluar la capacidad de aceleraciones repetidas de los jugadores de fútbol. Revista de Entrenamiento Deportivo 1993;2:35-39.

Balsom PD. La evaluación del rendimiento físico. En Ekblom B. Manual de las ciencias del entrenamiento. Barcelona: Paidotribo, 1999:113-133.

Bangsbo J. Is the O_2 deficit an accurate quantitative measure of anaerobic energy production during intense exercise? J Appl Physiol 1992;73:1207-1208.

Bangsbo J, Lindqvist F. Comparision of various exercise test with endurance performance during soccer in professional players. Int J Sports Med 1992b;13:125-132.

Bangsbo J. The physiology of soccer—with special reference to intense intermittent exercise. Acta Physiol Scand 1994;151(suppl 619):1-115.

Bangsbo J. Fitness Training for Football: A Scientific Approach. Bagsværd - Denmark: HO+Storm, 1994b.

Bangsbo J. Entrenamiento de la condición física en el fútbol. Barcelona: Paidotribo, 1997.

Bangsbo J. Yo-Yo Test. Ancona: Kells Edizioni, 1997b.

Barbero JC, Barbero V. Relación entre el consumo máximo de oxígeno y la capacidad para realizar ejercicio intermitente de alta intensidad en jugadores de fútbol sala. Revista de Entrenamiento Deportivo 2003;17(2):13-24.

Barbero JC, Barbero V. Efectos del entrenamiento durante una pretemporada en la potencia máxima aeróbica medida mediante dos test de campo progresivos, uno continuo y otro intermitente. II Congreso Mundial de Ciencias de la Actividad Física y el Deporte. Granada,2003b.

Beneke R, von Duvillard SP. Determination of maximal lactate steady state response in selected sports events. Med Sci Sports Exerc 1996;28:241-246.

Berthoin S, Gerbeaux M, Turpin E, Lensel-Corbeil G, Vandendorpe F. Comparison of two field tests to estimate maximum aerobic speed. J Sports Sci 1994;12:355-362.

Berthoin S, Pelayo P, Lensel-Corbeil G, Robin H, Gerbeaux M. Comparison of maximal aerobic speed as assessed with laboratory and field measurements in moderately trained subjects. Int J Sports Med 1996;17:525-529.

Billat V, Renoux JC, Pinoteau J, Petit B, Koralsztein JP. Reproducibility of running time of exhaustion at VO_{2max} in sub-elite runners. Med Sci Sports Exerc 1994;26:254-257.

Bosco C. Aspectos fisiológicos de la preparación física del futbolista. Barcelona: Paidotribo, 1991.

Bosco C. La valoración de la fuerza con el test de Bosco: Barcelona: Paidotribo, 1994.

Brewer J, Ramsbottom R, Williams C. Multistage fitness test. Leeds. National Coaching Foundation, 1988.

Brewer J, Davis JA. A physiological comparison of English professional and semi-professional soccer players. J Sport Sci 1992;10(2):146.

Brue F. Une variante du test progressif et maximal de Léger et Boucher: le test vitesse maximale aérobie dérriere cycliste (test VMA). Bulletin Médical de la Federation Francaise d'Athletisme 1985;7:1-18.

Castagna C, D'Ottavio S. Yo-Yo intermittent recovery test. teknosport.com 2002. (Consultado 25/11/2006). Disponible en http://www. teknosport.com/docs/yoyointermittent.htm

Castagna C, Belardinelli R. Apetti fisiologici dello Yo-Yo Intermittent Endurance Test in Giovanni calciatori. teknosport.com 2002. (Consultado 25/11/2006). Disponible en http://www. teknosport.com/docs/yoycinterendurgiovani.htm

Castagna C, Abt S, D'Ottavio S. Competitive-level differences in yo-yo intermittent recovery and twelve minute run test performance in soccer referees. J Strength Cond Res 2005;4:805–809.

Castagna C, Barbero JC. El test Yo-Yo de recuperación intermitente nivel 1. Revista de Entrenamiento Deportivo 2005b;19(2):21-27.

Castagna C, Impellizzeri FM, Chamari K, Carlomagno D, Rampinini E. Aerobic fitness and yo-yo continuous and intermittent tests performances in soccer players: a correlation study. J Strength Cond Res 2006;20(2):320-325.

Castagna C, Krustrup P, Póvoas S. Yo-Yo intermittent tests are a valid tool for aerobic fitness assessment in recreational football. Eur J Appl Physiol. 2020 Jan;120(1):137-147. doi: 10.1007/s00421-019-04258-8. Epub 2019 Nov 9. PMID: 31707477.

Chamari K, Hachana Y, Ahmed YB, Galy O, Sghaïer F, Chatard J-C, Hue O, Wisløff U. Field and laboratory testing in young elite soccer players. Br J Sports Med 2004;38:191-196

Chamari K, Hachana Y, Kaouech F, Jeddi R, Moussa-Chamari I,Wisløff U. Endurance training and testing with the ball in young elite soccer players. Br J Sports Med 2005;39:24-28.

Christensen EH, Hedman R, Holmdahl I. The influence of rest pauses on mechanical efficiency. Acta Physiol Scand 1960;48:443-447.

Christensen EH, Hedman R, Saltin B. Intermittent and continuous running. A further contribution to the physiology of intermittent work. Acta Physiol Scand 1960b;50:269-286.

Coen B, Urhausen A, Kindermann W. Value of the Conconi test for determination of the anaerobic threshold. Int J Sports med 1988;9:372.

Coen B, Urhausen A, Kindermann W. Individual Anaerobic threshold: Methodological Aspects of its Assessment in Running. Int J Sports med 2001;22:8-16.

Conconi F, Ferrari M, Ziglio PG, Droghetti P, Codeca L. Determination of the anaerobic threshold by a noninvasive field test in runners. J Appl Physiol 1982;52: 869-873.

Conconi F, Grazzi G, Casoni I, Guglielmini C, Borsetto C, Ballarin E, Mazzoni G, Patracchini M, Manfredini F. The Conconi test: methodology after 12 years of application Int J Sports Med. 1996;17:509-519.

Cooper KH. A mean of assessing maximal oxigen uptake. JAMA 1968;203:135-138.

Cooper SM, Baker JS, Eaton ZE, Matthews N. A simple multistage field test for the prediction of anaerobic capacity in female games players. Br J Sports Med 2004;38:784-789.

Cooper SM, Baker JS, Tong RJ, Roberts E, Hanford M. The repeatability and criterion related validity of the 20 m multistage firness test as a predictor of maximal oxygen uptake in active young men. Br J Sports Med 2005;39:19-25.

de Araújo, M. C., Baumgart, C., Freiwald, J., & Hoppe, M. W. (2019). Contrasts in intermittent endurance performance and heart rate response between female and male soccer players of different playing levels. *Biology of sport*, *36*(4), 323–331. https://doi.org/10.5114/biolsport.2019.88755

Di Giminiani, R., & Visca, C. (2017). Explosive strength and endurance adaptations in young elite soccer players during two soccer seasons. *PloS one*, *12*(2), e0171734. https://doi.org/10.1371/journal.pone.0171734.

Droghetti P, Borsetto C, Casoni I, Cellini M, Ferrari M, Paolini AR, Ziglio PG, Conconi F. Noninvasive determination of the anaerobic threshold in canoeing, cross-country skiing, cycling, roller, and ice-skating, rowing, and walking. Eur J Appl Physiol Occup Physiol 1985;53:299-303.

Ekblom B. Aplied phisiologiy of soccer. Sports Medicine 1986;3:50-60.

Ekblom B. A field test for soccer players. Sci Football 1989;1:13-15.

Ekblom B. Un test de campo para jugadores de fútbol. Revista de Entrenamiento Deportivo. 1993;2:40-43.

Ekblom B. Fútbol: Manual de las ciencias del entrenamiento. Barcelona: Paidotribo, 1999.

Edwards AM, Macfadyen AM, Clark N. Test performance indicators from a single soccer specific fitness test differentiate between highly trained and recreationally active soccer players. J Sports Med Phys Fitness 2003;43:14-20.

Ferrer V, García MJ, Carrión M, Pastor A, Martínez I. Perfil fisiológico del jugador de fútbol juvenil. Selección 2002;11(4):287-288.

Flouris AD, Metsios GS, Koutedakis Y. Enhancing the efficacy of the 20 m multistage shuttle run test. Br J Sports Med 2005;39:166-170.

Gadoury C, Léger L. Validite de l'epreuve de course navette de 20 m avec paliers de une minute et du physitest canadien pour predire le $VO2_{max}$ des adultes. Staps france. 1986;13:57-68.

Gaitanos G, Williams C. Boobis L, Brooks S. Human muscle metabolism during intermittent maximal exercise. J Appl Physiol 1993;75:712-719.

Galilea PA. Inappropriate use of the correlation coefficient. Int J Sports Med 1994;15:504-507.

García J. Aplicaciones tecnológicas para la valoración biomecánica de la cinemática del salto vertical y la evaluación funcional de un umbral anaeróbico en el fútbol. Tesis Doctoral. León: Universidad de León, 2000.

García J. Rodríguez JA, Morante JC, Villa JG. Creación y aplicación del software TVREF v1.0 para la valoración de la Resistencia Aeróbica del futbolista mediante el Test de Probst. RendimientoDeportivo.com 2002;1. (Consultado 15/12/2006). Disponible en http://www.RendimientoDeportivo.com/N001/Artic004.htm

García J, Villa JG, Rodríguez JA, Morante JC, Álvarez E, Jover R. Aplicación de un test de esfuerzo interválico (test de Probst) para valorar la cualidad aeróbica en futbolistas de la liga española. Apunts: Educación Física y Deportes 2003;71:80-88.

García O, Ardá T, Rial A, Domínguez E. Estudio de la actividad cardiovascular del futbolista profesional: El comportamiento de la frecuencia cardiaca en competición (II). Revista de Entrenamiento Deportivo 2006;20(4):31-41.

Green S. Antropometric and physiological characteristics of South Australian soccer players. Australian Journal of Science and Medicine n Sport 1992;1(24):3-7.

Hamilton AL, Nevill ME, Brooks S, Williams C. Physiological responses to maximal intermittent exercise: differences between endurance-trained runners and games players. J Sports Sci 1991;9:371-382.

Helgerud J, Engen LC, Wisloff U, y col. Aerobic endurance training improves soccer performance. Med Sci Sports Exerc 2001;33:1925-1931.

Hoffman P, Pokan R, Preidler K, Leitner H, Szolar D. Eber B, Schaberger G. Relationship between heart rate threshold lactate turn point and myocardial function. Int J Sports Med 1994;15:232-237.

Hofman P, Leilner H, Gaisl G, y col. A computer supported evaluation of the modified Conconi test on a bicycle ergometer. In Jarver J ed. A collection of European sports sciences translations. Kidman Park: Shouth Australian Sports Institute, 1994b:51-52.

Hoffman P, Pokan R, von Duvillard SP, et al. Heart performance curve during incremental cucle ergometer exercise in healthy young male subjects. Med Sci Sports Exerc 1997;29:762-768.

Inbar O, Bar-Or O, Skinner J. The Wingate anaerobic test. Champaign IL: Human Kinetics, 1996.

Jemni, M., Prince, M. S., & Baker, J. S. (2018). Assessing Cardiorespiratory Fitness of Soccer Players: Is Test Specificity the Issue?-A Review. *Sports medicine - open*, 4(1), 28. https://doi.org/10.1186/s40798-018-0134-3 (Retraction published Sports Med Open. 2019 Oct 17;5(1):42).

Jones AM, Doust JH. Lack of reliability in Conconi's heart rate deflection point. Int J Sports Med 1995;16:541-544.

Jones AM, Doust JH. The Conconi test in not valid for estimation of the lactate turnpoint in runners. J Sports Sci 1997;15:385-394.

Kemi OJ, Hoff J, Engen LC, Helgerud J, Wisloff U. Soccer specific testing of maximal oxygen uptake. J Sports Med Phys Fitness. 2003;43(2):139-144.

Kuipers H, Keizer H, de Vries T, van Rijthoven P, Wijts M. Comparison of heart rate as a non- invasive determinat of anaerobic threshold with the lactate threshold when cycling. Eur J Appl Physiol 1988;58:303-306.

Krustrup P, Mohr M, Amstrup T, Rysgaard T, Johansen J, Steensberg A, Pedersen PK, Bangsbo J. The yo-yo intermittent recovery test: physiological response, reliability, and validity. Med Sci Sports Exerc 2003;35(4):697-705.

Labsy Z, Collomp K, Frey A, De Ceaurriz J. Assessment of maximal aerobic velocity in soccer players by means of an adapted Probst field test. J Sports Med Phys Fitness 2004;44:375-382.

Lacour JR, Padilla-Magunacelaya S, Chatard JC, Arsac L, Barthélémy JC. Assesment of running velocity at maximal oxygen uptake. Eur J Appl Physiol 1991;62:77-82.

Léger L, Boucher R. An indirect continuous running multistage field test: the Université de Montreal Track Test. Can J Appl Sports Sci 1980;5:77-84.

Léger L, Lambert J. A maximal 20-m shuttle run test to predict $VO_{2\ máx}$. Eur J Appl Physiol 1982;49:1-12.

Léger L, Rouillard M. Speed reliability of cassette and tape players. Can J Appl Sport Sci 1983;8:47-48.

Léger L, Lambert J, Goulet A, Rowan C, Dinelle Y. Aerobic capacity of 6 to 17 years-old Quebecois- 20 meter shuttle run test with 1 minute stages. Can J Sport Sci 1984;9:64-69.

Léger L, Mercier D, Gadoury C, Lambert J. The multistage 20 metres shuttle run test for aerobic fitness. J Sports Sci 1988;6:93-101.

Léger L, Tokmakidis S. Use of Herat rate deflection point to assess the anaerobic threshold. Letter to the editor. J Appl Physiol 1988b;64:1758-1760.

Léger L, Gadoury C. Validity of the 20 m shuttle run test with 1 min stages to predict VO2max in adults. Can J Sport Sci. 1989;14:21-26.

Lemmink KA, Visscher C, Lambert MI, Lamberts RP. The interval shuttle run test for intermittent sport players: evaluation of reliability. J Strength Cond Res 2004;18:821-827.

Lesinski, M., Prieske, O., Helm, N., & Granacher, U. (2017). Effects of Soccer Training on Anthropometry, Body Composition, and Physical Fitness during a Soccer Season in Female Elite Young Athletes: A Prospective Cohort Study. *Frontiers in physiology, 8,* 1093. https://doi.org/10.3389/fphys.2017.01093

Mackała, K., Kurzaj, M., Okrzymowska, P., Stodółka, J., Coh, M., & Rożek-Piechura, K. (2019). The Effect of Respiratory Muscle Training on the Pulmonary Function, Lung Ventilation, and Endurance Performance of Young Soccer Players. *International journal of environmental research and public health, 17*(1), 234. https://doi.org/10.3390/ijerph17010234

Magni M, Krustrup P, Bangsbo J. Fatigue in soccer. A brief review. J Sports Sci 2005; 6:593-599.

Mahoney C. 20-Mst And Pwc 170 Validity In Non-Caucasan Children in the Uk. Br J Sports Med 1992;26:45-47.

McGregor SJ, Nicholas CW, Drawer S, Grayson A, Williams C. Metabolic responses to fluid ingestion during prolonged intermittent high intensity shuttle running. In Proceedings of the Fourth Science and Football Conference. Sydney: University of Tecnology, 1999:54.

McMillan K, Helgerud J, Macdonald R, Hoff J. Physiological adaptations to soccer specific endurance training in professional youth soccer players. Br J Sports Med 2005;39:273-277.

McMillan K, Helgerud J, Grant SJ, Newell J, Wilson J, Macdonald R, Hoff J. Lactate threshold responses to a season of professional British youth soccer. Br J Sports Med 2005b;39:432-436.

Medbo J, Mohn A-C, Tabata I, y col. Anaerobic capacity determined by maximal accumulated O_2 deficit. J Appl Physiol 1988;64:50-60.

Mendez-Villanueva A, Buchheit M. Football-specific fitness testing: adding value or confirming the evidence? J Sports Sci. 2013;31(13):1503-8. doi: 10.1080/02640414.2013.823231. PMID: 23978073.

Mercier D, Léger L, Lambert, J. Relative efficiency and predicted VO_{2max} in children. Med Sci Sports Exerc 1983;15:143.

Michalsik L, Bangsbo J. Evaluation of physical performance of soccer players by the Yo-Yo intermittent endurance test. In Really T, Bangsbo J, Hughes M. eds. Science and Football III. London: E and FN Spon, 1997:505.

Mirella, R. Las nuevas metodologías del entrenamiento de la fuerza, la resistencia, la velocidad y la flexibilidad. Barcelona: Paidotribo, 2001.

Monbiedro C, Léger L, Cazorla GA, Delgado M, Gutierrez A, Prost A, Roy JY. Validation Du Test De Course navette De 20 M Pour Predire Le VO_{2Max} D'athletes D'endurance. Science Et Motricite 1992;17:3-10.

Nevill A, Atkinson G. Assessing agreement between measurements recorder on a ratio scale in sports medicine and sports science. Br J Sports Med 1997;31:314-318.

Nicholas CW, Williams C, Lakomy HK, Phillips G, Nowitz A. Influence of ingesting a carbohydrate- electrolyte solution on endurance capacity during intermittent, high-intensity shuttle running. J Sports Sci. 1995;13:283-290.

Nicholas CW, Green PA, Hawkins RD, Williams C. Carbohydrate intake and recovery of intermittent running capacity. Int J Sport Nutr. 1997;7:251-260.

Nicholas CW, Nuttall FE, Williams C. The Loughborough Intermittent Shuttle Test: a field test that simulates the activity pattern of soccer. J Sports Sci 2000;18:97-104.

Odetoyinbo K, Ramsbottom R. "Aerobic" and "anaerobic" field testing of soccer players. In Really T, Bangsbo J, Hughes M. eds. Science and Football III. London: E and FN Spon, 1997:21-26.

Perroni, F., Fittipaldi, S., Falcioni, L., Ghizzoni, L., Borrione, P., Vetrano, M., Del Vescovo, R., Migliaccio, S., Guidetti, L., & Baldari, C. (2019). Effect of pre-season training phase on anthropometric, hormonal and fitness parameters in young soccer players. *PloS one, 14*(11), e0225471. https://doi.org/10.1371/journal.pone.0225471

Prat Torrens, T. Actualización de los valores de consumo máximo de oxígeno calculado mediante el test de campo de Montreal (MMATT). Apunts: Medicina de l'esport 2000;132:5-10.

Prats J, Galilea J, Ibañez J, Estruch A, Galilea PA, Palacios L, Pons V. Correlación entre el test de campo de Léger (Course navette) y un test de laboratorio de cargas progresivas. Apunts: Medicina de l'esport 1986;90:209-212.

Probst, H. Test par intervalles pour footballeurs. Revue Mancolin 1989;5:7-9.

Psotta R, Blahus P, Cochrane DJ, Martin AJ. The assessment of an intermittent high intensity running test. J Sports Med Phys Fitness 2005;45:248-256.

Ramsbottom R, Brewer J, Williams C. A progressive shuttle run test to estimate maximal oxygen uptake. Br J Sports Med 1988;22:141-144.

Ramsbottom R, Nevill M, Nevill A y col. Accumulated oxygen deficit and shuttle run performance in physically active men and women. J Sports Sci 1997;15:207-214.

Rhodes EC, Mosher ER, McKenzie DC, Franks IM, Potts JE. Physiological profiles of the Canadian Olympic soccer team. Can J appl Sport Sci 1986;11(1):31-36.

Rodríguez FA, Aragonés MT. Valoración funcional de la capacidad de rendimiento físico. En González Gallego, J. Fisiología de la actividad física y del deporte. Madrid: Interamericana/McGraw- Hill, 1992:237-278.

Sahlin K, Ren JM. Relationship of contration capacity changes during recovery from a fatiguing contraction. J appl Physiol 1989;67:648-654.

Schmitz, B., Pfeifer, C., Kreitz, K., Borowski, M., Faldum, A., & Brand, S. M. (2018). The Yo-Yo Intermittent Tests: A Systematic Review and Structured Compendium of Test Results. *Frontiers in physiology*, 9, 870. https://doi.org/10.3389/fphys.2018.00870

Sevillano JM, Peleteiro J, Rodríguez JA, Presa JL, de Paz H, García J. Valoración de los efectos de una pretemporada en equipos de fútbol, mediante la aplicación de una batería de test. RendimientoDeportivo.com 2002;2. (Consultado 15/01/2006). Disponible en http://www.RendimientoDeportivo.com/N002/Artic008.htm

Siegler J, Gaskill S, Ruby B. Changes evaluated in soccer-specific power endurance either with or without a 10-week, in-season, intermittent, high-intensity training protocol. J Strength Cond Res 2003;17:379-87.

Siegler J, Robergs R, Weingart H. The application of soccer performance testing protocols to the non-elite player. J Sports Med Phys Fitness 2006;46:44-51.

Soria R. Test de los 504 metros. Entrenadores.info 2001. (Consultado 20/06/2002). Disponible en http://www.cmmoreres.com/entrenadores/docs/test504m/test504m.htm

Sproule J, Kunalan C, Mcneill M, Wright H. Validity of 20-MST for predicting VO2 max of adult Singaporean athletes. Br J Sports Med 1993;27:202-204.

St Clair Gibson A, Broomhead S, Lambert MI, Hawley JA. Prediction of maximal oxygen uptake from a 20-m shuttle run as measured directly in runners and squash players. J Sports Sci 1998;16(4):331-335.

Stickland MK, Petersen SR, Bouffard M. Prediction of maximal aerobic power from the 20-m multi- stage shuttle run test. Can J Appl Physiol 2003;28:272-282.

Svensson M, Drust B. Testing soccer players. J Sports Sci 2005;6:601-618.

Tokmakidis SP, Léger L, Fotis A, Roy T. The Conconi heart rate and the lactate anaerobic threshold. Med Sci Sports Exerc 1987;19:S17,100.

Tokmakidis SP, Léger LA. Comparison of mathematically determined blood lactate and heart rate "threshold" points and relationship with performance. Eur J Appl Physiol Occup Physiol 1992;64:309-317.

Tuimil JL, Rodríguez FA. La velocidad aeróbica máxima de carrera (VAM). Concepto, evaluación y entrenamiento. Revista de Entrenamiento Deportivo 2003;17(1):31-35.

Vargas C, Terrados N. Consumo de oxígeno máximo telémetrico vs. Yo-Yo endurance test, en jugadores del fútbol profesional argentino. Alleniamo.com 2007. (Consultado 30/06/2007). Disponible en http://www.alleniamo.com/preparazione.fisica/2007/ciro.vargas.pdf

Wonisch M, Hofmann P, Schwaberger G, von Duvillard SP, Klein W. Validation of a field test for the non-invasive determination of badminton specific aerobic performance. Br J Sports Med 2003;37:115-118.

Wraag C, Maxwell N, Doust J. Development of a multidirectional soccer-specific field test of repeated sprint ability: validity and reliability. In Avela J, Komi PV, Komulainen J. eds. Proceedings of the 5th Annual Congress of the European College of Sport Science. Jyväskylä: ECSS - University of Jyväskylä, 2000:799.

Yagüe JM, Yagüe P. La valoración funcional del futbolista en distintas categorías. El entrenador Español. Fútbol 1997;73:12-22.

Yzaguirre I, Suñe D, Huelin F, Dulanto D, Gutiérrez JA. El VT2 se encuentra muy próximo al 90% de la frecuencia cardiaca máxima. Apunts: Medicina de l'esport 2004;143:5-9.